Gergely Kispál

CITY|TRIP

BUDAPEST

Nicht verpassen!

Karte S. 3

2 Matthiaskirche [B4]
Die markante Kirche zeigt, wie Gebäude im Laufe von Jahrhunderten eine Eigendynamik entwickeln (s. S. 61).

8 Königlicher Palast [C5]
Einst Edelresidenz für einen König, heute stadtbildprägendes Multifunktionsgebäude mit Museen, Denkmälern und toller Aussichtsterrasse (s. S. 66).

16 Synagoge in der Dohány utca (Große Synagoge) [F5]
Die größte Synagoge Europas zeigt, wie lebendig jüdisches Leben in Budapest heute wieder ist (s. S. 73).

18 Palaisviertel [F6]
Ein Spaziergang durch die Welt der Aristokratie des 19. Jh. Edle Adelspaläste und geheimnisvolle Innenhöfe säumen die Straßen dieses Viertels abseits der Touristenpfade (s. S. 75).

19 Große Markthalle [E7]
Tausend Farben, Düfte und Geschmäcker – die Große Markthalle ist ein architektonisches Kleinod aus der Jahrhundertwende und zugleich bevorzugter Einkaufsort der Budapester (s. S. 76).

20 Ungarische Staatsoper [E4]
Im klassischen Musiktempel der Stadt wachen Engel auf einem gewaltigen Fresko darüber, dass die Instrumente des Orchesters stets gut gestimmt sind (s. S. 78).

22 Heldenplatz [cf]
Der riesige Platz besticht durch seine klare Komposition und die Baudenkmäler. Hier kann man die Ursprungsgeschichte Ungarns durch die Brille des romantischen 19. Jh. sehen (s. S. 80).

25 St.-Stephans-Basilika [E4]
Die größte Kirche der Stadt hat Teile der rechten Hand des ungarischen Staatsgründers, mehrere Kilogramm Blattgold und eine grandiose Aussicht von der Kuppel zu bieten (s. S. 82).

29 Parlament [D3]
In dem prachtvollen Repräsentationsbau steckt der ganze Stolz der Jahrhundertwende, als Budapest zur Großstadt wurde. Bei einer Besichtigung erhält man einen guten Einblick in den Betrieb der ungarischen Volksvertretung (s. S. 85).

39 Szentendre
Das Städtchen vor Budapests Toren ist ein Schmuckkästchen der barocken Architektur. Sieben serbische Kirchen und unzählige Kunstgalerien machen es zu einem lohnenden Ausflugsziel (s. S. 93).

Leichte Orientierung mit dem cleveren Nummernsystem
Die Sehenswürdigkeiten der Stadt sind zum schnellen Auffinden mit **fortlaufenden Nummern** versehen. Diese verweisen auf die ausführliche Beschreibung **im Kapitel „Budapest entdecken"** und zeigen auch die genaue Lage **im Stadtplan.**

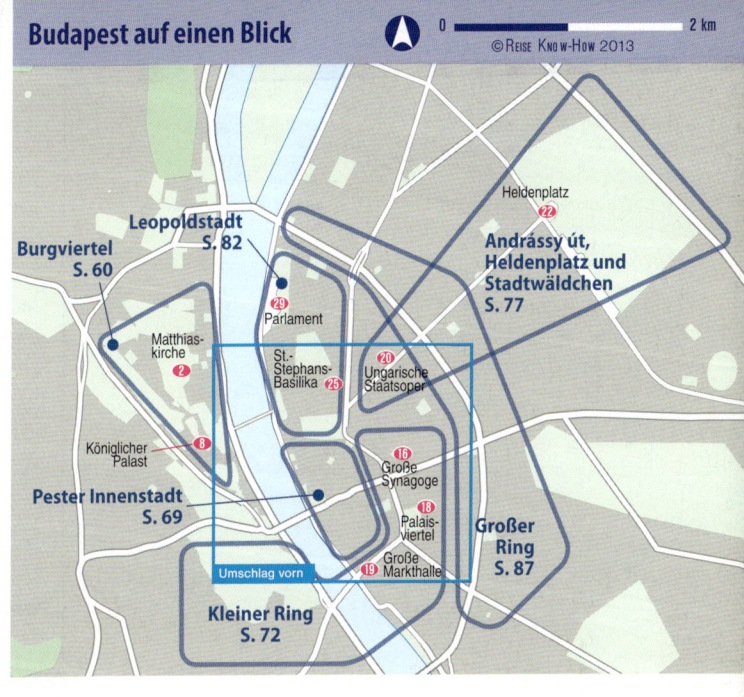

Budapest auf einen Blick

0 _____ 2 km
© Reise Know-How 2013

Burgviertel S. 60

Leopoldstadt S. 82

Heldenplatz ㉒

Andrássy út, Heldenplatz und Stadtwäldchen S. 77

Matthias-kirche ❷

Parlament ㉙

St.-Stephans-Basilika ㉕

Ungarische Staatsoper ⓴

Königlicher Palast ❽

Große Synagoge ⓰

Palais-viertel ⓲

Großer Ring S. 87

Pester Innenstadt S. 69

Umschlag vorn

Große Markthalle ⓳

Kleiner Ring S. 72

Inhalt

◁ *Entspannend: Budapests größtes Thermalbad, das Széchenyi (s. S. 50)*

Exkurse zwischendurch

Benutzungshinweise

Orientierungssystem

Eine **Liste der im Buch beschriebenen Örtlichkeiten** wie Sehenswürdigkeiten, Restaurants, Hotels, Cafés, Infostellen befindet sich auf S. 140.

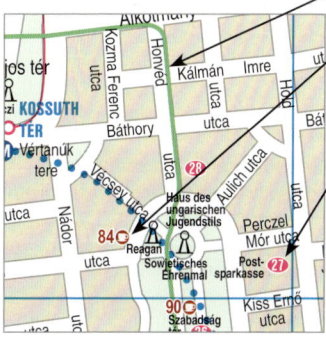

Zur schnelleren Orientierung tragen alle Hauptsehenswürdigkeiten und Lokalitäten sowohl im Text als auch im Kartenmaterial die gleiche Nummer:

> Die farbige Linie markiert den Verlauf des Stadtspaziergangs (s. S. 13).

○84 Mit Symbol und fortlaufender Nummer werden die sonstigen Lokalitäten wie Cafés, Geschäfte, Hotels, Infostellen usw. gekennzeichnet.

㉗ Mit einer fortlaufenden magentafarbenen Nummer sind die Hauptsehenswürdigkeiten gekennzeichnet. Steht die Nummer im Fließtext, verweist sie auf die Beschreibung dieser Sehenswürdigkeit im Kapitel „Budapest entdecken".

[D3] In eckigen Klammern steht das Planquadrat im Kartenmaterial, in diesem Beispiel Planquadrat D3.

Ortsmarken ohne Angabe des Planquadrats liegen außerhalb unserer Karten. Sie können aber wie alle Örtlichkeiten in unseren speziellen Luftbildkarten auf der Produktseite dieses Buches unter www.reise-know-how.de oder direkt unter http://ct-budapest.reise-know-how.de lokalisiert werden.

Bewertung der Sehenswürdigkeiten

★ ★ ★   auf keinen Fall verpassen
★ ★   besonders sehenswert
★   wichtige Sehenswürdigkeit für speziell interessierte Besucher

Adressen und Telefonnummern

Geläufige Bezeichnungen in **Adressen** sind *utca* (u., Gasse), *út* (Straße), *tér* (Platz) und *körút* (krt., Ring). Budapester Adressen bestehen aus der Nummer des Stadtbezirks in römischen Ziffern, der Straße und der Hausnummer. Also zum Beispiel: VIII. Baross utca 32.

Festnetznummern sind in diesem Buch stets ohne Vorwahl angegeben. Man wählt als Vorwahl vor der Rufnummer 0036 1 für Budapest. **Handynummern** sind hingegen mit Vorwahl angegeben.

Haltestellen

Wenn bei Sehenswürdigkeiten, Geschäften etc. Haltestellen öffentlicher Verkehrsmittel angegeben sind, handelt es sich immer um die **am nächsten gelegene Haltestelle.**

Budapest verfügt über ein sehr engmaschiges ÖPNV-Netz mit vielen verschiedenen Verkehrsmitteln, sodass sich unter Umständen mehrere Haltestellen im näheren Umkreis befinden.

Impressum

Gergely Kispál

CityTrip Budapest

erschienen im
REISE KNOW-HOW Verlag Peter Rump GmbH,
Osnabrücker Str. 79, 33649 Bielefeld

© Peter Rump
1. Auflage 2013
Alle Rechte vorbehalten.

ISBN 978-3-8317-2184-9
PRINTED IN GERMANY

Dieses Buch ist erhältlich in jeder Buchhandlung Deutschlands, der Schweiz, Österreichs, Belgiens und der Niederlande. Bitte informieren Sie Ihren Buchhändler über folgende Bezugsadressen:
Deutschland: Prolit GmbH, Postfach 9, D-35461 Fernwald (Annerod) sowie alle Barsortimente
Schweiz: AVA Verlagsauslieferung AG, Postfach 27, CH-8910 Affoltern
Österreich: Mohr Morawa Buchvertrieb GmbH, Sulzengasse 2, A-1230 Wien
Niederlande, Belgien: Willems Adventure, www.willemsadventure.nl

Wer im Buchhandel kein Glück hat, bekommt unsere Bücher auch über unseren Büchershop im Internet:
www.reise-know-how.de

Herausgeber: Klaus Werner
Lektorat: amundo media GmbH
Layout: Günter Pawlak (Umschlag), amundo media GmbH (Inhalt)
Karten: Ingenieurbüro B. Spachmüller, amundo media GmbH
Druck und Bindung: Media-Print, Paderborn
Fotos: siehe Bildnachweis S. 139
Anzeigenvertrieb: KV Kommunalverlag GmbH & Co. KG, Alte Landstraße 23, 85521 Ottobrunn, Tel. 089 928096-0, info@kommunal-verlag.de

Alle Informationen in diesem Buch sind vom Autor mit größter Sorgfalt gesammelt und vom Lektorat des Verlages gewissenhaft bearbeitet und überprüft worden. Da inhaltliche und sachliche Fehler nicht ausgeschlossen werden können, erklärt der Verlag, dass alle Angaben im Sinne der Produkthaftung ohne Garantie erfolgen und dass Verlag wie Autor keinerlei Verantwortung und Haftung für inhaltliche und sachliche Fehler übernehmen. Die Nennung von Firmen und ihren Produkten und ihre Reihenfolge sind als Beispiel ohne Wertung gegenüber anderen anzusehen. Qualitäts- und Quantitätsangaben sind rein subjektive Einschätzungen des Autors und dienen keinesfalls der Bewerbung von Firmen oder Produkten. Wir freuen uns über Kritik, Kommentare und Verbesserungsvorschläge:
info@reise-know-how.de

Latest News

Unter **www.reise-know-how.de** werden aktuelle Ergänzungen und Änderungen der Autoren und Leser zum vorliegenden Buch bereitgestellt. Sie sind auf der Produktseite dieses CityTrip-Titels abrufbar.

Auf ins Vergnügen

001bp Abb.: mt

Budapest an einem Wochenende

1. Tag

Vormittags: Überblick vom Gellért-Berg

Nach dem Frühstück in der Großen Markthalle ⑲ und einem Rundgang durch das bunte Treiben folgt der Aufstieg auf den 235 Meter hohen Gellért-Berg (s. S. 77). Hier genießt man die leichte Brise und den herrlichen Blick über die Stadt, zählt die Donaubrücken und versucht, sich ihre Namen zu merken. Auf der gegenüberliegenden Donauseite kann man unter anderem die Basilika ㉕ und die Markthalle entdecken.

Auf dem Berg selbst bestaunt man die schiere Größe der Freiheitsstatue, die von unten gesehen so grazil wirkt, als würde sie schweben, und von der Aussichtsterrasse unterhalb der Zitadelle sieht man auch schon den Königlichen Palast ⑧ im Burgviertel, dem Ziel für den Nachmittag.

Nach einer Verschnaufpause im schönen Park auf der Rückseite des Gellért-Bergs geht es wieder hinunter, am besten in Richtung des Hotel Gellért (XI. Szent Gellért tér 1, [D/E8]), wo man unterwegs noch einen Blick in die Felsenkirche des Paulinerordens werfen kann. Wer sich für den Abend den Besuch eines anderen Thermalbades ausgeguckt hat, sollte noch einen Blick in die imposante Eingangshalle des Gellért-Bades (s. S. 49) werfen.

Nachmittags: Das historische Buda

Am Nachmittag geht es mit dem Bus, der Standseilbahn ⑦ oder zu Fuß hinauf ins Burgviertel. Auf einem ausgedehnten Rundgang besichtigt man die Matthiaskirche ② und die weitläufige Anlage des Königlichen Palastes ⑧. Von der Fischerbastei ③ aus bewundert man das tolle Panorama der Pester Seite und kann jetzt gute Fotos machen, da die Sonne am Nachmittag aus der „richtigen" Richtung scheint. Man genießt das geschäftige Treiben auf der Tárnok utca ④ ebenso wie die stillen Gassen im hinteren Teil des Burgviertels. Für Kunstinteressierte lohnt sich ein Besuch in der Nationalgalerie (s. S. 46), Freunde von Kaffee und Kuchen kehren im Café Ruszwurm (s. S. 63) ein. Am besten macht man jedoch beides …

◁ *Vorseite: Immer schön am Ball bleiben – Budapest ist eine Stadt, die sich in rasantem Tempo verändert*

▽ *Vom Gellért-Berg aus (s. S. 49) bekommt man ein gutes Gefühl für die Größe Budapests*

003bp Abb.: mt

Abends: Entspannen im Thermalbad

Die vom vielen Auf und Ab müde gewordenen Beine können sich in einem der historischen Thermalbäder (s. S. 49) so richtig erholen. Ob türkisch im **Rudas**, im **Király** oder im **Veli Bej**, Jugendstil im **Gellért** oder klassizistisch im **Széchenyi**: Jedes der Budapester Bäder hat seinen ganz eigenen Charakter.

2. Tag

Vormittags: In der Pester Innenstadt

Nach dem Frühstück in einem der vielen Cafés beginnt der Tag mit einem Spaziergang auf der lebhaften Flaniermeile **Donaukorso**. Von hier genießt man die Ansicht des Burgviertels mit der Matthiaskirche, der Fischerbastei und dem Königlichen Palast. Wer sich für historische Kirchenbauten interessiert, kann den Gotteshäusern der Innenstadt, besonders der **Innerstädtischen Pfarrkirche** ❿ und der **Universitätskirche** ⓭, einen Besuch abstatten. Auf jeden Fall sollten aber die **St.-Ste-**

◩ *Die Fischerbastei* ❸ *ist eines der Wahrzeichen des Budaer Burgviertels*

phans-Basilika ㉕ und der weitläufige **Szabadság tér** ㉖ auf dem Programm stehen. Für diejenigen, die eine Eintrittskarte für die **Besichtigung des Parlaments** ㉙ um 11 Uhr bekommen haben, steht zunächst dies an. Auf keinen Fall versäumen sollte man aber das **Holocaust-Mahnmal** ㉚ mit den Schuhen am Donauufer zwischen Parlament und Kettenbrücke.

Nachmittags: Die goldenen Jahrzehnte Pests

Der Nachmittag beginnt mit einer Besichtigung der **Großen Synagoge** ⓰. Anschließend bummelt man durch die Gassen des historischen jüdischen Viertels und entdeckt hier die Läden von alteingesessenen Handwerkern und trendigen Designern. Über die angesagte Kazinczy utca [F5] und ihre Verlängerung, die Székely Mihály utca, erreicht man die prächtige **Andrássy út** (s. S. 77), an deren nächster Ecke schon die **Staatsoper** ⑳ folgt. Man flaniert den von Bäumen beschatteten Boulevard entlang, bestaunt die Auslagen der hier ansässigen Luxusläden und kehrt in einem der Restaurants oder im **BookCafé** (s. S. 33) ein.

Am Platz „Oktogon" besteigt man die historische **Unterpflasterbahn** (s. S. 78) und fährt hinaus zum **Heldenplatz** ㉒. Nach der Besichtigung des beeindruckenden Platzes mit seinen Monumenten schaut man sich noch die **Burg Vajdahunyad** ㉓ und – falls man es nicht schon vom Badeerlebnis des Vorabends her kennt – das direkt gegenüber gelegene **Széchenyi-Bad** (s. S. 50) an. Für Kunstfreunde sind das **Museum für Bildende Kunst** (s. S. 44) und die **Kunsthalle** (s. S. 44) am Heldenplatz spannende Orte. Mit der U-Bahn geht es zurück ins Stadtzentrum. Wer die Nachmittagsführung um 15 Uhr im Parlament ㉙ gebucht hat, dreht das Programm des Vor- und des Nachmittags einfach um.

Abends: Kultur hautnah

Für die Abendgestaltung ist der Besuch einer Vorstellung im auch von innen sehr sehenswerten **Opernhaus** ⑳ eine tolle Möglichkeit. Ansonsten bietet Budapest von Klassik bis Punkrock für jeden Musikgeschmack etwas. Und ob erste Geige oder drei Akkorde: Die **Abbruchklubs** (s. S. 38) sind der ideale Tagesausklang für jedes Publikum.

Das gibt es nur in Budapest

> **Heilbäder:** Budapest ist die einzige Großstadt der Welt, die als Kurort anerkannt ist. Da schon die Osmanen um die heilende Kraft des hiesigen Wassers wussten, sind mehrere türkische Thermalbäder aus dem 16. Jahrhundert erhalten und in Betrieb. Daneben laden mehrere Bäder aus der Zeit der Jahrhundertwende zum Eintauchen in das wohlig warme Wasser (s. S. 49).

> **Abbruchklubs:** Baufällige Innenstadthäuser werden kurzerhand zu gemütlichen Gartenlokalen umfunktioniert. Manche halten seit zehn Jahren die Stellung, andere gibt es nur einen Sommer lang (s. S. 38).

> **Feuerwerk am 20. August:** Am Nationalfeiertag bestaunen bis zu zwei Millionen Menschen (mehr als die Stadt Einwohner hat!) dichtgedrängt am Donauufer das große Feuerwerk zu Ehren der Staatsgründung Ungarns vor über 1000 Jahren.

> **Memento Park** ㉛: Ein einzigartiges Freilichtmuseum mit Statuen aus der kommunistischen Ära, die andernorts einfach eingeschmolzen wurden.

027bp Abb.: mt

▷ Monumental – im Memento Park ㉛ lassen sich die Zeugen einer vergangenen Zeit bestaunen

Zur richtigen Zeit am richtigen Ort

Budapest hat zu jeder Jahreszeit etwas zu bieten: Ob Straßenfeste, kulinarische Festivals oder hohe Kunst, hier kommt jeder auf seine Kosten. Informationen und einen **Veranstaltungskalender** in englischer Sprache findet man unter **www.funzine.hu**. Ansonsten kann man einfach an der Hotelrezeption oder in den Info-Punkten des Budapester Tourismusamts (s. S. 103) fragen.

Frühling

> März: Beim **Budapester Frühlingsfestival** (Budapesti Tavaszi Fesztivál) geben sich die Weltstars der klassischen Musik, des Tanzes und des Theaters die Klinke in die Hand. Wer eine Veranstaltung besuchen möchte, sollte sich rechtzeitig um Karten kümmern. Infos unter www.btf.hu.

> Jedes Jahr im April stellen die **Tokajer Winzer** ihre neuen Weine in Budapest vor. Die exquisiten Süßweine und die rassigen Trockenen sind eine Wonne für alle Weinfreunde. Ort und genaue Zeit werden immer erst kurz vorher bekanntgegeben, sodass sich ab und zu ein Blick ins Internet lohnt: www.tokaji.hu.

> Mai: Das Budapester **Pálinka-Festival** am Deák Ferenc tér holt die Crème de la Crème der ungarischen Obstdestillerien in die Hauptstadt. Dazu gibt es Rustikales vom Grill und Livemusik. Infos unter www.budapestipalinkafesztival.hu.

Sommer

> August: Das Festival **Sziget** ist mit seinen bis zu 450.000 Besuchern aus aller Herren Länder eines der ganz großen Musikfestivals der Welt. Alljährlich rocken internationale Stars eine Woche lang die verschiedenen Bühnen auf der Óbudaer Insel. Auch die Weltmusikbühne ist von großer Bedeutung. Daneben gibt es zahlreiche kleinere Bühnen mit Musikrichtungen von Heavy Metal bis Dance, Tanz- und Theatervorstellungen, Diskussionsforen, Stände von Kirchen und NGOs. Und wer möchte, kann sogar vor Ort heiraten. Im Angebot sind Tages- und Wochentickets, unkaputtbare Festivalfans können auf dem ziemlich staubigen Gelände auch zelten. Weitere Infos unter www.sziget.hu.

> Am 20. August, einem der drei ungarischen **Nationalfeiertage,** locken in Budapest Attraktionen für die ganze Familie. Die Kleinen schauen fasziniert bei der Schiffsparade auf der Donau zu, auf dem Donaukorso gibt es einen Handwerker- und Schlemmermarkt und am Abend steigt ein großes Straßenfest. Das Parlamentsgebäude ist tagsüber frei zugänglich (die Schlange beim Einlass ist allerdings enorm, wenn man nicht

⌃ *Beim Sziget gibt sich ein internationales Publikum ein Stelldichein*

spätestens um 9 Uhr morgens da ist).
Das Programm ändert sich jedes Jahr ein
wenig, klassischer Fixpunkt ist jedoch
das große **Feuerwerk** nach Einbruch der
Dunkelheit. Dann sammeln sich bis zu
2 Millionen Menschen an den Ufern der
Donau, um die vom Gellért-Berg und von
Kähnen aus abgeschossene Lichtcho-
reografie zu bestaunen. Auch hier sollte
man seinen Platz rechtzeitig einnehmen
(am besten sieht man von den Treppenstufen am Pester Donauufer aus), zumal
die Donaubrücken ein bis zwei Stunden
vor dem Feuerwerk gesperrt werden. Eine
schöne Alternative bietet eine Schifffahrt, die bei vielen Budapester Schiffs-
unternehmen auf dem Programm steht
(s. S. 114).

> Motorsport-Fans zieht es im August nach
Mogyoród in der Nähe von Budapest.
Bereits seit 1986 gastiert der **Formel-
1-Zirkus** auf dem Hungaroring. Infos
unter www.hungaroring.hu.

> August: Beim **Fest des Handwerks**
(Mesterségek Ünnepe) am Königlichen
Palast ❽ zeigen erfahrene Meister historische Handwerksberufe. Besonders
toll für Kinder und solche, die es geblieben sind, ist, dass man auch selbst
Hand anlegen darf. Die Eintrittskarte
berechtigt auch zum Besuch der im
Palast ansässigen Museen. Infos unter
www.mestersegekunnepe.hu.

> August/September: Das traditionell
letzte Kulturfestival der Sommersaison
ist das **Jüdische Sommerfestival** (Zsidó
Nyári Fesztivál). Künstler aller Sparten
sorgen für ein buntes Programm zwischen Klezmer, Kleinkunst und Klassik.
Infos unter www.jewishfestival.hu.

Herbst

> September: Internationale Größen des
Jazz geben sich beim **Jazzforum** ein Stelldichein. Als Veranstaltungsorte dienen
die wichtigsten Konzertschauplätze der

Stadt: der Palast der Künste (s. S. 42),
das Trafó (s. S. 42) und der Budapest
Jazz Club (s. S. 40).

> September: Das traditionsreiche **Wein-
festival** im Burgviertel (Budavári Borfesz-
tivál) ist das größte seiner Art in Ungarn
und bietet Weingenießern einen hervor-
ragenden Überblick über die Winzerkunst
des Landes. Eintritt und Verpflegung sind
nicht gerade günstig, dafür besticht das
Festival mit seinem Standort auf den Terrassen vor dem Königlichen Palast ❽.
Mehr Infos unter www.aborfesztival.hu.

> Oktober: Das Festival **Café Budapest** ist
der alternative Gegenentwurf zum Früh-
lingsfestival: Spannende zeitgenössische Theater-, Musik- und Kunstproduk-
tionen aus der ganzen Welt sind dann zu
Gast in Budapest. Infos unter www.cafe
budapestfest.hu.

> Oktober: Wer es sportlich mag, ist beim
Budapest Marathon richtig. Die klassische Distanz vor dem einmaligen Ambi-

ente der historischen Innenstadt. Infos
unter www.budapestmarathon.com.

> Oktober: Beim **Pálinka- und Wurstfesti-
val** im Burgviertel (Budavári Pálinka- és
Kolbászfesztivál) bewegen sich sowohl
der Alkohol- als auch der Fettgehalt im
„hochprozentigen" Bereich. Edle Obstbrände und rassige Wurstwaren aus
Ungarn und einem jährlich wechselnden
Gastland werden hier präsentiert.
Infos dazu gibt es online unter
www.palinkaeskolbasz.hu.

Winter

> November: Der **Art Market Budapest** ist
die jährliche Schau der zeitgenössischen
Galerien der Stadt. Infos unter www.
artmarketbudapest.hu.

> Der Budapester **Weihnachtsmarkt**
(Karácsonyi vásár) auf dem Vörösmarty
tér [D5] gilt in Fachkreisen als einer der
besten der Welt. Statt Kitsch und Kom-
merz bieten von einem Expertengre-
mium ausgewählte Kunsthandwerker
ihre Waren feil. Hier findet jeder ein passendes Geschenk für seine Lieben! Und
natürlich dürfen auch der Glühwein und
traditionelles ungarisches Essen nicht
fehlen. Der Weihnachtsmarkt startet
Anfang Dezember.

> Der **Silvesterabend** ist in Budapest eine
einzige große Party. An mehreren Schau-
plätzen in der Innenstadt – darunter
auf dem Vörösmarty tér [D5], auf dem
Blaha Lujza tér [G5] und am Oktogon
[F3] – steigen Straßenfeste mit Konzerten bis nach Mitternacht, wenn gemeinsam angestoßen und die Nationalhymne
gesungen wird. Auch in den Klubs und
Kneipen ist selbstverständlich der Teufel
los. Wer sich schon im Vorfeld warmma-
chen will, kann am 30. Dezember eine
der zahlreichen „Vor-Silvester"-Partys
(előszilveszter) besuchen – denn wenn
die Ungarn einmal feiern, dann tun sie
das gründlich.

Budapest für Citybummler

*Budapest kann man am besten ent-
decken, wenn man die bekannten
Sehenswürdigkeiten mit Spaziergängen durch die dazwischenliegenden
Stadtviertel verbindet. In den rechteckig angelegten, engen Seitengassen und den geheimnisvollen Hin-
terhöfen der alten Mietshäuser bekommt man eine Ahnung von dem
Lebensgefühl, das die Stadt aus-
macht.*

Der klassische **Stadtspaziergang**
durch den Stadtteil Buda auf der
rechten Donauseite beginnt bei der
gotischen **Matthiaskirche** ❷. Nach
einem Blick von der **Fischerbastei** ❸
hinüber auf die Pester Seite geht es
über die belebte **Tárnok utca** ❹ mit
ihren Barockhäusern vorbei an der
eindrucksvollen **Ruine der ehemaligen Armeekommandantur** ❺ zum
Szent György tér ❻. Von dem ehemals von prächtigen Adelspalästen
gesäumten Platz sind es nur noch
ein paar Schritte zum barocken **Königlichen Palast** ❽. Nach dem wun-
derbaren Blick von der Burgterrasse
geht es entweder zu Fuß oder mit der
Standseilbahn ❼ hinab zum Clark
Ádám tér [C5] am Fuß des Burghügels. Auf der gegenüberliegenden
Seite der berühmten Kettenbrücke
liegt der **Széchenyi István tér** ㉔,
Ausgangspunkt des Stadtspazier-
gangs auf Pester Seite. Wer hingegen das eindrückliche Stadtpanora-

Routenverlauf im Stadtplan
Der hier beschriebene Spaziergang ist
mit einer farbigen Linie im Stadtplan
eingezeichnet.

ma vom Gellért-Berg (s. S. 77) aus genießen möchte, fährt vom Clark Ádám tér aus mit der Straßenbahnlinie 19/41 zwei Haltestellen bis zum Hotel Gellért. Dort beginnt der Fußweg hoch zur **Freiheitsstatue**. Die Frauengestalt mit dem Palmzweig in den Händen wurde 1947 aus Anlass des Kriegsendes auf dem Berggipfel aufgestellt.

Auf der Pester Seite startet man am besten am **Széchenyi István tér** ㉔. Auf der Flaniermeile Donaukorso geht es an großen Hotelbauten und der im romantischen Stil erbauten **Redoute** ❾ vorbei. Von hier genießt man den Ausblick auf das Budaer Burgviertel. Nach einem Abstecher in die besonders sehenswerte **Innerstädtische Pfarrkirche** ❿ mit ihren gotischen und osmanischen Elementen geht es über den „neuen" Teil der Váci utca mit der barocken **St.-Michaels-Kirche** ⓫ zur **Großen Markthalle** ⓳. Wer sich nach der Besichtigung schweren Herzens vom quirligen Markttreiben und den vielen bunten Farben losreißen kann, nimmt den Kleinen Ring (s. S. 72) in Richtung Deák Ferenc tér. Rechter Hand befindet sich der imposante Bau des **Nationalmuseums** ⓱, dahinter lohnt sich ein Abstecher ins verwunschene **Palaisviertel** ⓲, das heute von einer interessanten Mischung aus alteingesessenen Mietern und trendigen jungen Großstädtern bewohnt wird. Von der Kreuzung „Astoria" aus, die den Namen des auf der Ecke Kleiner Ring/Kossuth Lajos utca befindlichen Hotels trägt, sieht man schon die beiden Zwiebeltürme der **Großen Synagoge** ⓰, dem Zentrum des jüdischen Budapest. Über die Wesselényi utca und die trendige Kazinczy utca geht es hinaus zur Andrássy út und zur prächtigen **Staatsoper** ⓴. Das

1884 eröffnete Haus gehört zu den schönsten Beispielen der historistischen Architektur in Europa. Dahinter erreicht man links über die Lázár utca die größte Kirche Budapests, die **St.-Stephans-Basilika** ㉕. Der monumentale Kirchenbau besticht mit seinem wohlproportionierten Innenraum und einem tollen Ausblick von der Kuppel. Von hier aus führt der Weg über die Zrínyi utca zurück zum Széchenyi István tér oder durch die Leopoldstadt weiter zum **Parlament** ㉙.

☐ *Die gemütliche Flaniermeile am Pester Flussufer wird Donaukorso genannt*

Abseits der Hauptstraßen

Wer es ruhiger mag, sollte sich im südlichen Teil der Innenstadt in den Parallelstraßen der Váci utca umsehen. Besonders gemütlich ist es in der engen **Magyar utca** [F6] und der **Bástya utca** [F7], die exakt dem Verlauf der ehemaligen Stadtmauer folgen. Hier merkt man fast nichts vom Verkehr auf dem Kleinen Ring, der sich nur einen Häuserblock entfernt befindet.

Zwischen **Kálvin tér** [F7] und **Mikszáth Kálmán tér** [G7] finden sich einige schöne, alternative Läden mit Kleidung und allerlei Krimskrams. Auf der anderen Seite der vielbefahrenen Rákóczi út [F6/G5] liegt das **historische jüdische Viertel**. Aus dem ehemaligen Stammbezirk der Pester Juden und späteren Ghetto ist in den vergangenen Jahren der angesagteste Stadtteil Budapests geworden. Unzählige Kneipen, Klubs und Geschäfte sorgen dafür, dass hier immer etwas los ist. Dennoch ist auch das klassische Pester Flair bis heute erhalten geblieben, in der Kazinczy utca existieren der angesagte Abbruchklub Szimpla Kert (s. S. 39) und eine traditionelle Mikwe friedlich nebeneinander. Auch sonst lassen sich viele jüdische Elemente im Straßenbild entdecken, wenn man mit offenen Augen durch das Viertel geht. Ein echter Tipp ist beispielsweise die **orthodoxe Synagoge** in der Kazinczy utca 29–31 [F5], die manchmal sogar von innen zu besichtigen ist (einfach in die Hofeinfahrt schauen). Das eigentlich unscheinbare Gebäude offenbart bei näherem Hinsehen auf seiner Fassade spannende Jugendstil-Elemente. Der bunt dekorierte, quadratisch angelegte Innenraum ist das Gegenstück zu der eher feierlich anmutenden **Großen Synagoge** ⓰.

Budapest für Kauflustige

Während auf den Hauptstraßen und in den Einkaufszentren die gleiche Auswahl wie in den deutschsprachigen Ländern zu oftmals höheren Preisen angeboten wird, stößt man in versteckten Seitengassen nicht selten auf erstaunliche, abstruse und einzigartige Dinge.

Die klassische Einkaufsstraße ist die **Váci utca** zwischen der Großen Markthalle ⓲ und dem Vörösmarty tér [D5] in der Pester Innenstadt. Wer hier allerdings auf etwas „typisch Ungarisches" hofft, wird enttäuscht sein, denn zwischen Ferenciek tere und Vörösmarty tér unterscheidet sich die Straße inzwischen kaum noch von irgendeiner beliebigen europäischen Fußgängerzone. Der südliche, zwischen Großer Markthalle und Ferenciek tere gelegene Teil der Flaniermeile wiederum ist fest in der Hand der Souvenirshops und Touri-Restaurants.

Interessanter ist es da allemal, sich ins Gewusel der Seitenstraßen im VI., VII. und XIII. Bezirk zu werfen. Hier lassen sich reihenweise spannende Kleidergeschäfte, nette kleine Cafés und obskure Fachgeschäfte entdecken. Wer auf der Suche nach alten Büchern ist, wird möglicherweise in einem der **Antiquariate** auf dem Múzeum körút [F6] zwischen Kálvin tér und Astoria, gegenüber vom Nationalmuseum ⓱, fündig.

Shoppingareale
Die wichtigsten Shoppingbereiche der Stadt sind im Kartenmaterial mit einer rötlichen Fläche markiert.

Budapest für Kauflustige

Klassische **Mitbringsel** aus Ungarn sind Lebens- und Genussmittel sowie Handarbeiten, wobei bei Letzteren darauf geachtet werden sollte, dass sie tatsächlich authentisch sind. Im Zweifel hilft ein Blick auf das Etikett. Falls man Weine oder Obstbrände verschenken möchte, lässt man sich am besten in einem Fachgeschäft (s. S. 18) beraten. Die Preise sind in Budapest immer in Forint angegeben, Feilschen ist nicht üblich.

Antiquitäten und Kunstgalerien

In der Budapester Innenstadt locken zahlreiche Galerien die Kunst- und Antikliebhaber. Erste Anlaufstelle ist die unscheinbare **Falk Miksa utca** [D2] nahe der Margarethenbrücke. Praktisch jedes Ladenlokal in der Straße beherbergt eine Galerie oder einen Antiquitätenhändler von gediegen bis abgefahren. Wer hier nichts findet, kann sich auch in einem der folgenden Geschäfte umsehen:

🏠1 [D2] **Kieselbach**, V. Szent István krt. 5, Straßenbahn 2 und 4/6, Bus 26, 91, 109, 191, 206 und 291, Obus 75 und 76 Jászai Mari tér, www.kieselbach.hu, geöffnet: Mo.–Fr. 10–18 Uhr, Sa. 10–13 Uhr. Tamás Kieselbach ist seit bereits zwei Jahrzehnten einer der führenden Kunsthändler und Sachverständigen Ungarns. In seinen weitläufigen Räumlichkeiten auf dem Großen Ring Ecke Falk Miksa utca zeigt er eine Fülle von Werken aller Epochen.

🏠2 [A3] **Mono**, I. Várfok u. 1, 1. Stock, Bus 16 Mátray utca (in Richtung Deák Ferenc tér) bzw. Ostrom utca (in Richtung Széll Kálmán tér), www.monogaleria.hu, geöffnet: Di.–Fr. 14–18 Uhr. Kleine Galerie mit Werken junger ungarischer Künstler. Lohnt einen Besuch zusammen mit der in derselben Straße gelegenen Galerie Várfok.

🏠3 [E6] **Polgár**, V. Petőfi Sándor u. 16, U-Bahn M3, Bus 5, 7, 7E, 8, 15, 112, 115, 173, 173E, 178, 233E und 239 Ferenciek tere (auf den Linien 15 und 115 nur in Richtung Lehel tér/Árpád híd bedient), www.polgar-galeria.hu, geöffnet: Mo.–Fr. 10–18 Uhr, Sa. 10–13 Uhr. Eine der größten Galerien und Auktionshäuser des Landes, vornehmlich mit älterer Kunst. In der Innenstadt gibt es eine Filiale in der Kossuth Lajos utca 3 und eine in der Váci utca 11/B.

🏠4 [A3] **Várfok**, I. Várfok u. 11, Bus 16 Mátray utca (in Richtung Deák Ferenc tér) bzw. Ostrom utca (in Richtung Széll Kálmán tér), www.varfok-galeria.hu, geöffnet: Di.–Sa. 11–18 Uhr. Traditionsreiche Galerie für zeitgenössische Kunst aus Ungarn. Auf dem Weg zum Burgviertel gelegen.

🏠5 [D9] **Zsófi Faur**, XI. Bartók Béla út 25, Straßenbahn 18, 19/41 und 47/49 Gárdonyi tér, www.raday-galeria.hu, geöffnet: Mo.–Fr. 12–18 Uhr, Sa. 10–13 Uhr. Zeitgenössische Foto- und Gemäldegalerie gegenüber dem Künstlercafé Hadik (s. S. 34).

Lebensmittel und Märkte

Märkte

Frische Lebensmittel, insbesondere Obst, Gemüse und Fleischwaren, sind in Ungarn **von hoher Qualität** und dabei – zumindest in der Saison – um ein Vielfaches **günstiger** als in den deutschsprachigen Ländern. Besonders lohnenswert ist ein Besuch in einer der **Markthallen.** Es ist ein tolles Erlebnis, sich an der Vielfalt der Farben und Düfte zu berauschen und

▷ *Die Budapester Märkte bieten eine bunte Vielfalt an Lebensmitteln*

die unzähligen Sorten Äpfel, Pfirsiche oder Paprika unter die Lupe zu nehmen. Eventuell findet man auch das eine oder andere **Mitbringsel.** Beliebt sind edelsüßes *(édes)* und scharfes *(erős)* Paprikagewürz *(fűszerpaprika)* und natürlich die berühmte ungarische Salami *(szalámi)* beziehungsweise die etwas dünnere, ansonsten aber recht ähnliche Hartwurst *kolbász.*

Die Budapester Markthallen sind übrigens keine reine Touristenattraktion oder Edeleinkaufsstätten für Gutbetuchte, im Gegenteil: Viele Budapester bestehen nach wie vor darauf, Frischprodukte hier und nicht etwa in einem Supermarkt zu kaufen. Die sehenswertesten und/oder am besten sortierten Markthallen im Innenstadtbereich sind:

🔴 [E7] **Große Markthalle.** Größte Markthalle der Stadt und architektonische Sehenswürdigkeit.

🛍6 [D10] **Markthalle Fehérvári út (Fehérvári úti vásárcsarnok),** XI. Kőrösy József u. 7–9, Straßenbahn 4, 18, 41, 47 Újbuda-központ, geöffnet: Mo. 6.30–17 Uhr, Di.–Fr. 6.30–18 Uhr, Sa. 6.30–14 Uhr. Helle, übersichtliche Markthalle in Buda. Das Obergeschoss ist für Direkt-

vermarkter reserviert, die wohltuend „unperfektes" Obst und Gemüse anbieten. Oft findet man bei ihnen auch alte Sorten, die auf dem globalisierten Agrarmarkt nicht mehr erhältlich sind.

🛍7 [af] **Markthalle Fény utca (Fény utcai piac),** II. Lővőház u. 12, Straßenbahn 4/6, Bus 39 Széna tér oder U-Bahn M2, Straßenbahn 18 und 61, Bus 16 Széll Kálmán tér, geöffnet: Mo.–Fr. 6–18 Uhr, Sa. 6–14 Uhr. Lebhafter, moderner Markt hinter dem Einkaufszentrum Mammut am Széll Kálmán tér. Im Gegensatz zu den meisten anderen Märkten gibt es hier auch einen sehr gut sortierten Käsestand.

🛍8 [cf] **Markthalle Lehel tér (Lehel téri piac),** XIII. Váci út 9–15, U-Bahn M3, Bus 15/115, Obus 76 Lehel tér, geöffnet: Mo.–Fr. 6–18 Uhr, Sa. 6–14 Uhr, So. 6–13 Uhr (sonntags eingeschränktes Angebot). Die verrückte Hallenkonstruktion des bekannten Architekten László Rajk sorgt seit ihrer Eröffnung 2002 für heftige Kontroversen. Das Gebäude wimmelt nur so vor architektonischen Zitaten und witzigen Details, Rajk selbst nennt den Stil „radikalen Eklektizismus". Innen gibt es ein großes Angebot an Lebensmitteln aller Art sowie ein Postamt im Obergeschoss. WLAN-Hotspot.

007bp Abb.: gk

Budapest für Kauflustige

Supermärkte

Das Angebot an **Supermärkten** wird von den bekannten westeuropäischen Discounterketten dominiert. Die einzige größere Kette in ungarischem Besitz ist die mit staatlichem Rückenwind expandierende CBA. Die Preise liegen bei den meisten Produkten auf westeuropäischem Niveau. Supermärkte (auf ungarisch *ABC* oder *közért*, ursprünglich die Namen zweier ehemaliger Ladenketten) haben in der Regel bis 20 Uhr, manche bis 22 Uhr geöffnet. Wer danach noch etwas einkaufen möchte, wird in einem der zahlreichen Nonstop-Geschäfte (*éjjel-nappali*) fündig. Ein **24-Stunden-Vollsortiment** führen:

🛒**9** [F7] **Manna ABC**, V. Vámház krt. 16, geöffnet: Mo.–So. 0–24 Uhr, weitere Filialen: VI. Podmaniczky u. 1–3, VIII. József krt. 30–32, VIII. Üllői út 2–4, XIII. Radnóti Miklós u. 38

🛒**10** [A2] **Roni ABC**, II. Margit krt. 58, geöffnet: Mo.–So. 0–24 Uhr, weitere Filialen VI. Bajcsy-Zsilinszky út 15/b, VI. Aradi u. 2, VII. Dohány u. 66, VII. Király u. 5, VII. Rákóczi út 6, VII. Wesselényi u. 18

Ein weiterer wichtiger Supermarkt für Besucher aus dem Ausland ist die CBA-Filiale im Burgviertel. Hier erhält man mitten im touristischen Zentrum der Stadt Lebensmittel und Delikatessen zu ganz gewöhnlichen Preisen. Im ersten Stock gibt es eine gut sortierte Weinabteilung und ein kleines Café.

🛒**11** [B4] **CBA Budavár**, I. Tárnok u. 22, Bus 16 Szentháromság tér, geöffnet: Mo.–Fr. 7–20 Uhr, Sa. 8–20 Uhr, So. 9–18 Uhr.

Leckereien und Spezialitäten

Feinschmecker und Naschkatzen kommen in Budapest voll auf ihre Kosten. Wer etwas zum Mitbringen oder selbst Genießen sucht, wird hier bestimmt fündig:

🛒**12** [E7] **Ázsia**, IX. Vámház krt. 5, Straßenbahn 2 und 47/49, Bus 15/115 Fővám tér (Bus 15/115 nur in Richtung Boráros tér bedient), geöffnet: Mo. 10–17 Uhr, Di.–Fr. 8–18.30 Uhr, Sa. 7–15 Uhr. Toller Asia- und Gewürzladen direkt neben der Großen Markthalle. Im über zehn Meter langen, alphabetisch sortierten Gewürzregal findet man nicht nur eine überwältigende Auswahl fernöstlicher Spezereien, sondern auch längst in Vergessenheit geratene europäische Küchenkräuter.

🛒**13** [A3] **Bortársaság**, I. Batthyány u. 59, U-Bahn M2, Straßenbahn 4/6, 18 und 61, Bus 16 und 39 Széll Kálmán tér, www.bortarsasag.hu, geöffnet: Mo.–Fr. 10–19 Uhr, Sa. 10–18 Uhr. Stammhaus des größten Budapester Weinhändlers. Umfassendes Sortiment ungarischer Weine vom guten Alltagswein bis zum Spitzengewächs. Bortársaság betreibt außer diesem Geschäft noch drei weitere in der Innenstadt: I. Lánchíd u. 5 (bei der Kettenbrücke), V. Vécsey u. 5 (beim Parlament), IX. Ráday u. 7.

🛒**14** [E6] **Cadeau**, V. Veress Pálné u. 8, U-Bahn M3, Bus 5, 7, 7E, 8, 15, 112, 115, 173, 173E, 178, 233E und 239 Ferenciek tere (auf den Linien 15 und 115 nur in Richtung Lehel tér/Árpád híd bedient), www.cadeaubonbon.hu, geöffnet: Mo.–Fr. 10–18 Uhr, Sa. 10–14 Uhr. Handgemachte Pralinen und andere Schleckereien.

🛒**15** [G5] **In Vino Veritas**, VII. Dohány u. 58–62, U-Bahn M2, Straßenbahn 4/6, Bus 5, 7, 7E, 8, 173, 173E und 178 Blaha Lujza tér oder Obus 74 Erzsébet körút (nur in Richtung Csáktornya park bedient), geöffnet: Mo.–Fr. 9–20 Uhr, Sa. 10–18 Uhr. Hervorragend sortierte Weinhandlung mit über 500 Tropfen aller Preiskategorien.

🛒**16** [F6] **Magyar Pálinka Háza (Haus des ungarischen Pálinka)**, VIII. Rákóczi út 17, Bus 5, 7, 8, 112, 173, 178, 233E und 239 Uránia, geöffnet: Mo.–Sa. 9–19 Uhr. Riesige Auswahl ungarischer Qualitätsobstbrände. Es werden auch unterschiedliche Geschenkverpackungen, Miniaturflaschen, Gläser und Ähnliches angeboten – ideal als Mitbringsel.

🛍 **17** [E7] **Rózsavölgyi**, V. Királyi Pál u. 6, U-Bahn M3, Straßenbahn 47/49, Bus 9, 15, 109 und 115 Kálvin tér, geöffnet: Mo.–Fr. 10.30–13 Uhr und 13.30–18.30 Uhr, Sa. 12–18 Uhr. Gilt als einer der besten Chocolatiers der Stadt. Im Angebot sind Pralinen, handgeschöpfte Tafelschokoladen und als besonderes Schmankerl „rostiges Zeugs": Schlüssel und Zangen aus Schokolade, die tatsächlich aussehen, als hätte der Zahn der Zeit an ihnen genagt.

🛍 **18** [E5] **Szervita Delikát**, V. Szervita tér 3, Bus 15/115 Szervita tér (nur in Richtung Lehel tér bedient) oder U-Bahn M1, M2 und M3, Straßenbahn 47/49, Bus 9, 16, 105 und 109 Deák Ferenc tér, geöffnet: Mo.–So. 9.30–20 Uhr. Weinhandlung mit ordentlichem Sortiment in der Pester Innenstadt.

🛍 **19** [F5] **Zangio**, VII. Wesselényi u. 6, U-Bahn M2, Straßenbahn 47/49, Bus 5, 7, 8, 9, 109, 112, 173, 178, 233E und 239 Astoria, www.zangio.hu, geöffnet: Mo.–Fr. 10–18.30 Uhr, So. 10–14 Uhr. Kreative, handgemachte Pralinen von einem Familienbetrieb direkt hinter der Großen Synagoge.

Kleidung und Schuhe

Internationale Luxuslabels von Gucci bis Louis Vuitton findet man in der Andrássy út [E4–G2] und in den Nebenstraßen um die Staatsoper **20**, weitere Oberklassemarken finden sich in der Deák Ferenc utca [D/E5], deren Händler sich und die Straße seit einigen Jahren als „Fashion Street" vermarkten. Wer eher auf der Suche

nach individuellen Kreationen einheimischer Designer oder nach ausgefallenen Secondhandklamotten ist, kann sich in den folgenden Läden umsehen:

🛍 **20** [E1] **Balllon**, XIII. Visegrádi u. 19, Bus 15/115 Radnóti Miklós utca oder U-Bahn M3, Straßenbahn 4/6, Bus 26, 91, 109, 191, 206 und 291, Obus 72 und 73 Nyugati pályaudvar, www.karattur.com, geöffnet: Di.–Fr. 12–19 Uhr. Abgefahrene, individuelle Lederhandtaschen.

🛍 **21** [F7] **Barack**, VIII. Baross u. 4, U-Bahn M3, Straßenbahn 47/49, Bus 9, 15, 109 und 115 Kálvin tér, www.barackruha.hu, geöffnet: Mo.–Fr. 10–19 Uhr, Sa. 10–13 Uhr. Fantasievolle, pastellbunte Damenbekleidung von vier jungen Designerinnen.

🛍 **22** [E5] **Bejuska & Dio**, VII. Dob u. 2, U-Bahn M2, Straßenbahn 47/49, Bus 5, 7, 8, 9, 109, 112, 173, 178, 233E und 239 Astoria, www.bejuska.hu, geöffnet: Mo.–Mi. 11–18 Uhr, Do. 12–19 Uhr, Fr. 11–19 Uhr, Sa. 12–16.30 Uhr. Exklusive Kollektionen und Accessoires junger ungarischer Modeschöpfer zu erschwinglichen Preisen.

🛍 **23** [E6] **Black Box Concept Store**, V. Irányi u. 18, U-Bahn M3, Bus 5, 7, 7E, 8, 15, 112, 115, 173, 173E, 178, 233E und 239 Ferenciek tere (auf den Linien 15 und 115 nur in Richtung Lehel tér/Árpád híd bedient), geöffnet: Mo.–Fr. 11–19 Uhr, Sa. 12–18 Uhr. Kollektionen der wichtigsten jungen Modeschöpfer Ungarns.

🛍 **24** [G7] **Iguana**, VIII. Krúdy Gyula u. 9, Straßenbahn 4/6, Bus 9/109, Obus 83 Harminckettesek tere, www.iguanaretro.hu, geöffnet: Mo.–Fr. 10–18 Uhr, Sa. 10–14 Uhr. Ein recht schräger Secondhandladen, der jede Menge Kleidung der 1970er-Jahre bietet und auch eine kleine Auswahl an Rockabilly-CDs im Angebot hat.

Budapest für Kauflustige

25 [F7] **Karmazsin**, IX. Ráday u. 19, U-Bahn M3, Straßenbahn 47/49, Bus 9, 15, 109 und 115 Kálvin tér, www.karmazsin.com, geöffnet: Mo.–Mi. 11–20 Uhr, Do. 11.30–20 Uhr, Fr. 11–20 Uhr, Sa. 12–18 Uhr. Schöner Kleider- und Schmuckladen mit vornehmlich roten Sachen.

26 [F5] **Laoni**, VII. Klauzál tér 1, Straßenbahn 4/6 Wesselényi utca oder Obus 74 Nyár utca (nur in Richtung Károly körút bedient), www.laoni.hu, geöffnet: Mo.–Fr. 9.30–18 Uhr. Schöne, handgemachte Ledertaschen.

27 [F4] **Látomás**, VII. Király u. 39, U-Bahn M1, Bus 105 Opera oder Obus 70 und 78 Akácfa utca, www.latomas. hu, geöffnet: Mo.–Fr. 11–19.30 Uhr, Sa. 11–18 Uhr. Französisch-ungarische Mode mit exklusiven Kollektionen.

28 [E4] **Naray Tamas**, VI. Hajós u. 17, U-Bahn M1, Bus 105 Opera, www. naraytamas.com, geöffnet: Mo.–Fr. 11–19 Uhr, Sa. 11–14 Uhr. Tamás Náray ist einer der arriviertesten ungarischen Modeschöpfer. Wer schon vor der Budapest-Reise schauen möchte: Náray betreibt auch ein Geschäft am Berliner Kurfürstendamm.

29 [F3] **Nati 100 % Pure Idea**, VI. Ó u. 33, U-Bahn M1, Straßenbahn 4/6, Bus 105 Oktogon, www.natipureidea.com, geöffnet: Mo.–Fr. 11–18 Uhr, Sa. 11–15 Uhr. Ausgefallene, stilvolle Damenmode von Natália Gyulai.

30 [F6] **Retrock**, V. Ferenczy István u. 28, U-Bahn M2, Straßenbahn 47/49, Bus 5, 7, 8, 9, 109, 112, 173, 178, 233E und 239 Astoria, www.retrock.com, geöffnet: Mo.–Fr. 10.30–19.30 Uhr, Sa. 10.30–15.30 Uhr. Dieses Modegeschäft bietet „höherklassige" Secondhandware und Eigenkreationen aus gebrauchten Textilien.

31 [F5] **Siberia**, VII. Wesselényi u. 19, Bus 5, 7, 8, 112, 173, 178, 233E und 239 Uránia oder Obus 74 Nyár utca (nur in Richtung Károly körút bedient), www. pleasemachine.net, geöffnet: Mo.–Do. 11–22 Uhr, Fr.–So. 11–23 Uhr. Kultiger Schuhladen mit lauter handgefertigten Einzelstücken aus recycelten Materialien. Abends steigen ab und zu spontane Parties mit Inhaberin und Designerin Anna Zaboeva.

32 [F6] **Tisza**, VII. Károly krt. 1, U-Bahn M2, Straßenbahn 47/49, Bus 5, 7, 8, 9, 109, 112, 173, 178, 233E und 239 Astoria, www.tiszacipo.hu, geöffnet: Mo.–Fr. 10–19 Uhr, Sa. 10–16 Uhr. Wiederbelebte ungarische Kultmarke aus den 1970er-Jahren. Coole Turnschuhe, Trainingsjacken und Accessoires.

33 [E7] **Tóth**, V. Vámház krt. 10 (in der Toreinfahrt links), Straßenbahn 2 und 47/49, Bus 15/115 Fővám tér (Bus 15/115 nur in Richtung Boráros tér bedient), www.toth-lovaglocsizma.hu, geöffnet: Mo.–Fr. 9–18 Uhr, Sa. 10–13 Uhr. Handgemachte, klassische „Budapester" und Reitstiefel.

34 [E7] **V50**, V. Váci u. 50, U-Bahn M3, Bus 5, 7, 7E, 8, 15, 112, 115, 173, 173E, 178, 233E und 239 Ferenciek tere (auf den Linien 15 und 115 nur in Richtung Lehel tér/Árpád híd bedient) oder Straßenbahn 2, Bus 15/115 Március 15. tér (Bus 15/115 nur in Richtung Boráros tér bedient), geöffnet: Mo.–Fr. 10–18 Uhr, Sa. 10–16 Uhr , www. valeriafazekas.com. Ein zeitgemäßer Hutsalon mit einer tollen Kollektion. Der Ort für Fans von Kopfbedeckungen.

35 [E6] **Vass**, V. Haris köz 2, U-Bahn M3, Bus 5, 7, 7E, 8, 15, 112, 115, 173, 173E, 178, 233E und 239 Ferenciek tere (auf den Linien 15 und 115 nur in Richtung Lehel tér/Árpád híd bedient), www.vass-cipo.hu. Der Schuhmachermeister László Vass näht noch die echten „Budapester" Schuhe, und zwar von Hand. Richtig gut, allerdings auch richtig teuer.

Schmuck, Souvenirs und Krimskrams

🛍 **36** [A3] **Buborék,** I. Batthyány u. 48, Straßenbahn 4/6, Bus 39 Széna tér und Bus 16 Ostrom utca (nur in Richtung Széll Kálmán tér bedient), www.buborekbolt. hu, geöffnet: Mo.–Fr. 12–19 Uhr, Sa. 11–15 Uhr, So. 14–17 Uhr (sonntags nur bei gutem Wetter). Fröhlicher Laden für Geschenke und Accessoires.

🛍 **37** [F6] **Colorbar,** V. Magyar u. 22, U-Bahn M3, Straßenbahn 47/49, Bus 9, 15, 109 und 115 Kálvin tér oder U-Bahn M2, Straßenbahn 47/49, Bus 5, 7, 8, 9, 109, 112, 173, 178, 233E und 239 Astoria, geöffnet: Mo.–Fr. 10–18.30 Uhr, Sa. 10–14 Uhr. Kultiger Second-

handladen mit allerhand Design und Kitsch aus den 1970er-Jahren.

🛍 **38** [bf] **Filter,** XIII. Pozsonyi út 49, Obus 75 und 76 Szent István park, www. filtergaleria.hu, geöffnet: Mo.–Fr. 11–19 Uhr. Außergewöhnlicher Schmuck und Kunsthandwerk von jungen Designern.

🛍 **39** [F6] **Insitu,** V. Múzeum krt. 7 (im Innenhof), U-Bahn M2, Straßenbahn 47/49, Bus 5, 7, 8, 9, 109, 112, 173, 178, 233E und 239 Astoria, www.insitu. hu, geöffnet: Mo.–Fr. 10–19 Uhr, Sa. 10–15 Uhr. Schmuck, Taschen und Krimskrams von jungen ungarischen Designern.

🛍 **40** [E4] **Memories of Hungary,** V. Hercegprímás u. 8, U-Bahn M1 Bajcsy-Zsilinszky út, www.memoriesofhungary.hu, geöffnet: Mo.–So. 9–22 Uhr. Toller, weitgehend kitschfreier Souvenirladen für anspruchsvolle Kunden.

🛍 **41** [B4] **MesterPorta,** I. Corvin tér 7, Straßenbahn 19/41, Bus 86 Halász utca (Bus 86 nur in Richtung Óbuda Bogdáni út bedient) oder Bus 86 Szilágyi Dezső tér (nur in Richtung Újbuda Függetlenségi park bedient). Hier gibt es authentische Volkskunst abseits der üblichen Souvenirstände sowie traditionelle ungarische Musik.

🛍 **42** [E5] **Napraforgó Design,** VI. Király u. 6, Tel. 2354691, U-Bahn M1, M2 und M3, Straßenbahn 47/49, Bus 9, 16, 105 und 109 Deák Ferenc tér, www. napraforgodesign.hu, geöffnet: Mo.– Fr. 9–19 Uhr, Sa. 9–13 Uhr. Pfiffige Geschenkartikel.

🛍 **43** [E6] **Varga Design,** V. Haris köz 6, www.vargadesign.hu, geöffnet: Mo.–Fr. 10–18 Uhr, Sa. 10–16 Uhr. Einzigartiger Schmuck vom erfahrenen Designer Miklós Varga.

🛍 **44** [D1] **Zsurigo Works,** XIII. Herzen u. 6, Obus 75 und 76 Szent István park, www. zsurigoworks.com, geöffnet: Mo.–Fr. 11–18 Uhr. Individuelle Ledertaschen und Schmuck von zwei Designerinnen.

Shop 'n' Stop

Eines der schönsten Cafés der Stadt ist das **BookCafé** (s. S. 33) in der ersten Etage des Buchladens Alexandra im ehemaligen Pariser Kaufhaus **21**. In allen großen **Einkaufszentren** gibt es außerdem ein reichhaltiges Gastronomieangebot (zum Beispiel im Westend neben dem Westbahnhof **32** oder im Mammut am Széll Kálmán tér [A3]).

008bp Abb.: gk

Budapest für Genießer

In Budapest locken insgesamt **über 7500 gastronomische Betriebe** die hungrigen und durstigen Gäste – vom Straßencafé über den traditionellen Gasthof bis hin zum Gourmettempel. Und das mit gutem Grund: „Essen gehen" ist für viele Ungarn aller Gesellschaftsschichten ein weitaus alltäglicheres Vergnügen als für Deutsche, Österreicher oder Schweizer. **Gemeinsame Mahlzeiten** sind wesentliche Dreh- und Angelpunkte des gesellschaftlichen Lebens. Mittags kehrt man mit den Arbeitskollegen auf ein schnelles Menü ein, abends treffen sich die Ungarn gerne mit Freunden auf ein üppiges Abendessen oder in der aktuellen Lieblingsbar. Letzteres bietet nicht zuletzt eine Gelegenheit, sich außerhalb der häufig sehr engen Wohnverhältnisse zu begegnen. Entsprechend vielfältig ist das gastronomische Angebot Budapests, sodass sicherlich jeder Besucher etwas für seinen Geschmack und sein Portemonnaie finden wird.

Speisekarten liegen in praktisch allen Budapester Gaststätten auch in englischer und/oder deutscher Version vor, wobei das Verstehen der Übersetzungen an manchen Stellen etwas Fantasie erfordert. Gäste aus Österreich sind hierbei aufgrund der gemeinsamen kulinarischen Vergangenheit leicht im Vorteil – Palatschinken und Faschiertes etwa heißen auch auf Ungarisch *palacsinta* und *fasírt*.

Auch aus einem anderen Grund sollte man die Speisekarte des gewählten Restaurants aufmerksam studieren. Neben den vielen ehrlichen und auf Qualität bedachten Gastronomen gibt es einige **schwarze Schafe**, die sich auf Kosten der ausländischen Gäste und der Reputation des Landes bereichern wollen. Immer wieder wird von Fällen berichtet, in denen sich Kellner beim Addieren „irren" oder Posten berechnen, die gar nicht bestellt wurden (nicht selten auf Anweisung der Vorgesetzten). Besonders anfällig für solche Praktiken sind Lokale in den von Touristen gut besuchten Stadtvierteln sowie am Flughafen. Von daher empfiehlt sich stets, den zu erwartenden Betrag beim Bestellen zu überschlagen und sich im Zweifel die Rechnung detailliert erklären zu lassen.

Legal, wenn auch ärgerlich, ist hingegen der weitverbreitete Brauch in den Cafés und Restaurants der Budapester Innenstadt, automatisch eine sogenannte „**Servicegebühr**" in Höhe von 10, 12 oder gar 15 Prozent auf die Rechnung aufzuschlagen. Ist dies der Fall, muss das bereits in der Speisekarte vermerkt sein.

Trinkgeld gibt man in Ungarn eher mehr als weniger (10 bis 15 Prozent des Rechnungsbetrags), und angesichts der erschreckend niedrigen Gehälter des Bedienungspersonals sollte man ruhig großzügig sein. Falls eine „Servicegebühr" berechnet wurde, braucht man aber nichts extra zu geben, denn bei dem Zuschlag handelt es sich ja bereits um das Trinkgeld.

Gastro- und Nightlife-Areale
Bläulich hervorgehobene Bereiche in den Karten kennzeichnen Gebiete mit einem dichten Angebot an Restaurants, Bars, Klubs, Discos etc.

▷ *Zigeunerprímás gibt es nur noch in wenigen Restaurants*

Zigeunermusik – ein Himmel mit immer weniger Geigen

009bp Abb.: gk

*Noch vor wenigen Jahrzehnten waren sie in den Restaurants Ungarns allgegenwärtig: die **Zigeunerkapellen**, die mit Violine, Bratsche, Kontrabass und Zither für die musikalische Untermalung eines guten Abendessens sorgten. Die Musiker entstammen jahrhundertealten Dynastien und beginnen das Erlernen des Instruments bereits im Kleinkindalter. Dementsprechend sind sie echte Virtuosen, die praktisch alles spielen können und auch die ausgefallensten Musikwünsche der Gäste souverän erfüllen. Noten brauchen sie dafür keine, das immense Repertoire und eine vom Gast noch so schief angedeutete Melodie reichen völlig aus.*

*Heute spielen allenfalls in einer Handvoll Restaurants in Budapest noch echte Zigeunerkapellen (dies ist bei den in diesem Buch empfohlenen Lokalen jeweils angemerkt). Der Nachwuchs bekommt kaum noch eine Chance und verdingt sich ins Ausland oder auf Kreuzfahrtschiffe. So war etwa eines der Todesopfer der im Januar 2012 vor der italienischen Küste havarierten Costa Concordia der ungarische Zigeunerprímás Sándor Fehér. Wenn man jedoch ein Restaurant mit Zigeunermusik erwischt, kann man sich auf ein genuin **ungarisches Erlebnis** gefasst machen. Üblicherweise kommt der Erste Violinist, der „prímás", an die Tische der Gäste, macht Scherze und spielt für sie, was beiden Seiten ein ordentliches Maß an Schlagfertigkeit und Spontaneität abverlangt.*

Falls man die Bespaßung durch den Geiger nicht wünscht, kann man versuchen, leicht den Kopf zu schütteln oder mit ernster Miene vor sich in den

Teller zu starren, wobei die Erfolgsaussichten dieser Strategien wechselhaft sind. Wenn man Gefallen an der Darbietung gefunden hat, sollte man der Kapelle einen Obolus spendieren. Das Geld wird hinter den Steg der Violine geklemmt, was einerseits daran liegt, dass der „prímás" beide Hände zum Spielen braucht, und andererseits verhindert, dass jemand Münzen gibt.

*Die Musik der Zigeunerkapellen ist übrigens **keine traditionelle ungarische Volksmusik** - diesen bis heute weitverbreiteten Irrtum hat Franz Liszt mit seinen „Ungarischen Rhapsodien" in die Welt gesetzt. Das Repertoire der Zigeunermusiker entwickelte sich vielmehr aus **beliebten Kunstliedern** und **Operettenschlagern** des 19. Jahrhunderts. Sie waren gewissermaßen die Pop-Interpreten jener Zeit. Traditionelle ungarische Musik kann man in den einschlägigen Folk-Klubs hören.*

Ungarische Küche

Wohl jedem Ungarnreisenden aus dem deutschsprachigen Raum ist das **Gulasch** als ungarisches **Nationalgericht** bekannt. Das klassische Gulasch heißt auf Ungarisch *pörkölt.* Vorzugsweise wird Rind- *(marha),* Kalb- *(borjú)* oder Schweinefleisch *(sertés)* verwendet. Die leichteren Varianten aus Hähnchen *(csirke),* Wels *(harcsa)* und Pilzen *(gomba)* tragen den Namen *paprikás.* Als Beilage wählt man zu allen Variationen von *pörkölt* gekochte Kartoffeln *(burgonya)* oder Nockerln *(nokedli, galuska).*

Als **Vorspeise** zu einer warmen Mahlzeit wird in Ungarn fast immer eine **Suppe** *(leves)* gegessen. Beliebt sind klare Suppen wie etwa Hühnersuppe nach Újházy-Art *(Újházytyúkhúsleves),* Grießnockerlnsuppe *(grízgombócleves)* oder Leberknödelsuppe *(májgombócleves).* Eine besondere Spezialität Südungarns ist Fischsuppe *(halászlé),* eine reichhaltige, scharfe Suppe mit Paprika, die gemeinsam mit einer Mehlspeise als komplette Mahlzeit durchgeht.

Bei den **Hauptspeisen** wird man neben dem schon erwähnten *pörkölt* mit einer Fülle an Fleischgerichten konfrontiert. Ob gebraten *(sült),* paniert *(rántott)* oder gegrillt *(roston sült)* – die ungarische Küche ist legendär deftig. Seit einigen Jahren versuchen viele Küchenchefs, den traditionellen Gerichten durch ungewöhnliche Kombinationen und eine schonende, leichtere Zubereitung neues Leben einzuhauchen.

Ebenso vielfältig sind die warmen **Beilagen** *(köretek),* die zumeist separat gewählt und bezahlt werden. Weniger reichhaltig ist die Auswahl an Salaten. In traditionellen Restaurants gibt es oft gar keine frischen Salate, sondern sauer eingelegtes Gemüse *(savanyúság).*

Mehlspeisen sind in salzigen und süßen Variationen bekannt. Topfenfleckerln *(túrós csusza,* quadratische Eiernudeln mit Quark) und Nockerln mit Schafsquark *(juhtúrós sztrapacska)* eignen sich sowohl als Beilage als auch als Hauptgericht. Für Schleckermäuler sind Schomlauer Nockerln *(somlói galuska,* eine Kalorienbombe aus Biskuitteig, Vanillecreme und Schokoladensoße) und Palatschinken *(palacsinta,* dünne Pfannkuchen) besonders interessant. Letztere werden zumeist mit Konfitüre oder Topfen gefüllt, eine tolle Variation ist der Gundel-Palatschinken mit einer Füllung aus Walnüssen und Honig, getränkt in einer dunklen Schokoladensoße. Echt ungarisch ist auch die Dobos-Torte aus Biskuitteig und Schokoladenbuttercreme, gekrönt von einer Glasur aus Karamell.

Getränke

Weinbau hat in Ungarn eine lange Tradition. Produziert werden trockene *(száraz)* weiße *(fehérbor)* und rote *(vörösbor)* sowie Dessertweine. Bei den **Weißweinen** werden neben internationalen Sorten viele einheimische Reben angebaut. Der kräftige Furmint oder der blumige Irsai Olivér sind sicherlich eine interessante Entdeckung für Weinfreunde. Generell sind ungarische Weißweine aufgrund der südlicheren Lage des Landes deutlich gehaltvoller und markanter als ihre deutschen, österreichischen und Schweizer Pendants.

Die **Rotweine** werden von den großen Sorten Merlot, Cabernet und Blaufränkisch dominiert. Aus dem Südwesten des Landes, den Weinbaugebieten Villány und Szekszárd, kommen fruchtige, elegante Weine, aus den nördlicher gelegenen Regionen Sopron und Eger eher säurebetonte.

Der Star unter den **Süßweinen** ist der weltbekannte Tokajer *(tokaji aszú)*, ein sogenannter Ausbruchwein, der aus spät gelesenen, edelfaulen weißen Trauben hergestellt wird. Um den *aszú* besteht ein regelrechter Kult, dem man beispielsweise bei der jährlichen Premiere des aktuellen Jahrgangs auch in Budapest frönen kann.

Eine echt ungarische Getränkespezialität ist der **Pálinka**. Der Begriff darf seit rund zehn Jahren nur für **Qualitätsbrände** verwendet werden, die aus einheimischem Obst in Ungarn gebrannt und abgefüllt werden. Zusatzstoffe jeglicher Art wie Aromen oder Zucker sind verboten. Das Ergebnis dieser Maßnahme war das Verschwinden von zweifelhaften Fuseln und die Geburt einer ganz eigenen Pálinka-Kultur. Unter Szenegängern ist es heute ausgesprochen „in", statt Bier, Wein oder Cocktails Obstbrand zu bestellen. Durch das aufwendige Verfahren und die teilweise großen Mengen an Früchten, die für eine Einheit *pálinka* verwendet werden müssen, sind die Obstbrände nicht ganz billig, bieten dafür aber ein einmalig intensives Geschmackserlebnis. Beim Bestellen im Lokal unbedingt auf einem echten *pálinka* bestehen, da in der Umgangssprache jegliche nach Frucht schmeckende Spirituose so bezeichnet wird.

Ungarische **Biere** *(sör)* sind für Genießer aus dem deutschsprachigen Raum oft fremdartig, da sie sehr leicht sind und etwas süßlich schmecken. Die bekanntesten Marken sind Dreher, Borsodi und Soproni, die allesamt großen internationalen Bierkonzernen gehören. Eine unabhängige Kleinbrauereiszene ist gerade im Entstehen begriffen. In den meisten Lokalen werden eine einheimische und mindestens eine ausländische Biersorte ausgeschenkt, sodass man hier die Wahl hat.

Beim Kauf von **Mineralwasser** *(ásványvíz)* im Lebensmittelhandel hilft die Farbe des Verschlusses bei der Orientierung: Blau steht für kohlensäurehaltiges *(savas),* rosa für stilles *(mentes)* Wasser. Das Angebot an **Erfrischungsgetränken** *(üdítő)* ist mit dem in anderen europäischen Ländern identisch. Eine Besonderheit ist das „Traubisoda", eine Brause auf der Basis von Traubenmost. Fast jedes Café bietet ganzjährig hausgemachte Limonade *(házi limonádé)* an, eine leckere Alternative zu den üblichen Softdrinks.

Kulinarischer Tagesablauf

Der kulinarische Tagesablauf in Ungarn gleicht prinzipiell dem in den deutschsprachigen Ländern. Das **Frühstück** *(reggeli)* darf gerne etwas deftiger ausfallen, am Wochenende auch schon einmal als Gabelfrühstück *(villásreggeli)* mit Omelett oder Würstchen. Mittags geht es oft mit Kollegen in ein nahegelegenes Restaurant. Dementsprechend bieten die meisten Lokale preiswerte **Mittagsmenüs** an, die auch für Touristen eine gute Alternative darstellen. Sonntags steht das große Mittagessen *(ebéd)* mit der Familie im Mittelpunkt. Am Nachmittag trinken die Ungarn gerne Kaffee *(kávé)* oder Tee *(tea),* allerdings weniger ritualisiert als dies in England oder Deutschland der Fall ist. Das **Abendessen** *(vacsora)* wird eher später am Abend verzehrt.

Smoker's Guide

Seit dem 1. Januar 2012 ist in Ungarn das **Rauchen** in allen geschlossenen Räumen, die öffentlich zugänglich sind, **verboten.** Insofern haben sich auch die Kneipengänger in Budapest an den Gang vor die Tür gewöhnen müssen. Darüber hinaus ist das Rauchen in Fußgängerunterführungen, einigen städtischen Parks sowie an sämtlichen Haltestellen öffentlicher Verkehrsmittel verboten.

Empfehlenswerte Lokale

Bei der Auswahl der folgenden Restaurants wurde neben der Qualität als wichtigstem Kriterium auch auf eine möglichst gute Erreichbarkeit geachtet. In allen Budapester Restaurants empfiehlt sich für abends eine **Tischreservierung**, die man telefonisch und in aller Regel auch auf Deutsch oder Englisch vornehmen kann.

Moderne ungarische und internationale Küche

45 [F7] **Apacuka** €€, IX. Ráday u. 17, U-Bahn M3, Straßenbahn 47/49, Bus 9, 15, 109 und 115 Kálvin tér, Tel. 2153248, www.apacuka.com, geöffnet: Mo.–Do. 10–1 Uhr, Fr. 10–2 Uhr, Sa. 12–2 Uhr, So. 12–24 Uhr. Ein gemütliches, nicht sehr touristisches Lokal an der Gastromeile Ráday utca. Im Sommer sitzt man gemütlich auf der Terrasse direkt an der belebten, autofreien Straße oder im ruhigeren Innenhof. Auf der wochenweise wechselnden Karte finden sich vor allem kreative internationale Gerichte. Es gibt eine sehr gute Weinauswahl. Am Wochenende finden abends Konzerte und Discoveranstaltungen statt.

46 [F7] **Borssó** €€€, V. Királyi Pál u. 14, U-Bahn M3, Straßenbahn 47/49, Bus 9, 15, 109 und 115 Kálvin tér, Tel. 7890975, www.borsso.hu, geöffnet: Mo.–So. 12–23 Uhr. Trendiges, französisch angehauchtes Lokal mitten in der Innenstadt. Neben der ständigen Speisekarte lohnt sich ein Blick auf die aktuellen Angebote. Großartige Weinkarte mit den besten Tropfen Ungarns.

47 [B3] **Csalogány 26** €€€, I. Csalogány u. 26, U-Bahn M2 Batthyány tér, Straßenbahn 4/6 Mechwart liget, Tel. 2017892, www.csalogany26.hu, geöffnet: Di.–Sa. 12–15 und 19–22 Uhr. Unaufgeregtes Lokal der gehobenen Kategorie in Buda. Sowohl mittags als auch abends werden aus frischen Zutaten zubereitete feste Menüs mit einer wählbaren Anzahl von Gängen angeboten. Familiäre Atmosphäre.

48 [B4] **Halászbástya** €€€, I. Szentháromság tér (auf der Fischerbastei), Bus 16 Szentháromság tér, Tel. 2016935, www.halaszbastya.eu, geöffnet: Mo.–So. 10–22 Uhr. Das wohl am spektakulärsten gelegene Restaurant der Stadt: Im und auf dem nördlichen Turm der Fischerbastei wird in historisierender Atmosphäre Gastronomie der Spitzenklasse geboten. Bei gutem Wetter genießt man von der Turmterrasse aus den atemberaubenden Blick über Pest.

Preiskategorien

Die angegebene Preiskategorie gilt jeweils für ein Hauptgericht am Abend ohne Getränke. Mittags gibt es oft günstigere Menü-Angebote.

€	bis 1500 Ft (bis ca. 5,40 €)
€€	1500–2500 Ft (ca. 5,40–9 €)
€€€	2500–5000 Ft (ca. 9–18 €)
€€€€	über 5000 Ft (über 18 €)

49 [F4] **Klassz** €€€, VI. Andrássy út 41, U-Bahn M1, Straßenbahn 4/6, Bus 105 Oktogon, www.klasszetterem.hu, geöffnet: Mo.–Sa. 11.30–23 Uhr, So. 11.30–18 Uhr. Quirliges Lokal mit zeitgemäßem Ambiente in einem ehemaligen Ladengeschäft an der Andrássy út. Obwohl die dicht gedrängten Tische fast immer voll besetzt sind, bleibt die Atmosphäre im Klassz stets entspannt. Auf der saisonal wechselnden Speisekarte stehen vor allem neu interpretierte ungarische Gerichte. Eine Besonderheit ist die Weinhandlung hinten im Lokal, was sich auch bei der sehr gut sortierten Weinkarte bemerkbar macht. Das Klassz nimmt keine Reservierungen entgegen, deswegen lohnt es sich, früh zu kommen.

50 [F5] **Kőleves** €€, VII. Kazinczy u. 35, Bus 5, 7, 8, 112, 173, 178, 233E und 239 Uránia, www.koleves.com, Tel. 3221011, geöffnet: Mo.–So. 12–24 Uhr. Kleines, angenehmes Lokal an der Partymeile Kazinczy utca im historischen jüdischen Viertel. Kreative Küche (auch mit vegetarischen Gerichten!) zu erschwinglichen Preisen.

51 [B5] **Manna** €€€, I. Palota út 17, Bus 16 Palota út gyorslift (nur in Richtung Deák Ferenc tér bedient), Tel. 209999188, www.mannalounge.com, geöffnet: Mo.–So. 12–24 Uhr. In spektakulärer Lage direkt über dem Burgtunnel besticht das Manna mit einer loungigen, orientalisch-asiatisch angehauchten Atmosphäre. Ein Besuch ist besonders im Sommer empfehlenswert, wenn die großzügige Terrasse geöffnet ist. Die Küche bietet kreative, internationale Gerichte.

52 [dg] **Olimpia** €€€, VII. Alpár u. 5, Bus 5, 7 und 173 Dózsa György út, Tel. 3212805, www.alparutca.hu, geöffnet: Mo.–Fr. 12–15 und 19–22 Uhr, Sa. nur 19–22 Uhr. In einer schäbigen Seitengasse beim Ostbahnhof betreiben der Koch Lajos Takács und der Oberkellner

Csaba Csongrádi in einem ehemaligen griechischen Lokal (daher der Name) eines der ungewöhnlichsten Restaurants der Stadt: Es gibt keine feste Speisekarte, das Motto lautet „Gegessen wird, was auf den Tisch kommt". Man bestellt 4, 5, 6 oder 7 Gänge (keine Angst, die Portionen sind harmlos!), sagt Herrn Csongrádi noch kurz, was man nicht mag, und auf Grundlage dieser Angaben und der täglich frischen Zutaten zaubert die Küche kreative Feinschmeckermenüs der Extraklasse. Durch die etwas rustikale Art von Csaba Csongrádi und die abstruse, vom Gastronomenduo im Original belassene Griechendeko ist die Atmosphäre angenehm bodenständig. Mittags gibt es drei Gänge für preiswerte 2050 Ft, hausgemachtes Sodawasser inklusive. Reservierung unbedingt empfehlenswert!

53 [A3] **Pierrot** €€€, I. Fortuna u. 14, Bus 16 Bécsi kapu tér, Tel. 3756971, www.pierrot.hu, geöffnet: Mo.–So. 11–24 Uhr. Das Pierrot wurde 1982 eröffnet und war damit eine der ersten privaten Gaststätten Budapests. Hervorragende Fischgerichte.

54 [B4] **Speiz** €€€, I. Hess András tér 6, Bus 16 Szentháromság tér, Tel. 4887416, www.varaspeiz.hu, geöffnet: Mo.–So. 11–23 Uhr. Gemütliches Restaurant in toller Lage im Burgviertel. Neben dem Schwerpunkt auf hochwertigen, ungewöhnlichen Fleischgerichten hat sich das Speiz der Pflege des Wiener Schnitzels in allen seinen Variationen verschrieben.

55 [F7] **Tajtékos Napok** €€, IX. Ráday u. 3, U-Bahn M3, Straßenbahn 47/49, Bus 9, 15, 109 und 115 Kálvin tér, Tel. 2151730, www.tajtekosnapok.hu, geöffnet: Mo.–Fr. 12–22 Uhr, Sa. 18–22 Uhr. Das nach dem Roman „Der Schaum der Tage" von Boris Vian benannte kleine Restaurant ist eines der besten Lokale der bekannten Restaurantmeile Ráday

utca. Die Karte bietet neben guter inter-
nationaler Küche auch einige ungarische
Klassiker. Donnerstags spielt abends ein
Jazzpianist.

Traditionelle ungarische Küche

🔊**56** [A3] **21** €€€, I. Fortuna u. 21, Bus
16 Bécsi kapu tér, Tel. 2022113,
www.21restaurant.hu, geöffnet: Mo.–
So. 11–24 Uhr. Klassische ungarische
Küche von Paprikahuhn bis Zanderfilet in
Toplage im Burgviertel.

🔊**57** [G4] **Bock Bisztró** €€€, VII. Erzsébet krt.
43–49, Straßenbahn 4/6 Király utca
oder Obus 70 und 78 Erzsébet körút
(nur in Richtung Erzsébet királyné útja/
Keleti pályaudvar bedient) bzw. Teréz
körút (nur in Richtung Kossuth Lajos
tér bedient), www.bockbisztro.hu, Tel.
3210340, geöffnet: Mo.–Sa. 12–24
Uhr. Das Bock Bisztró ist seit Jahren die
erste Adresse, wenn es um traditionelle
ungarische Küche auf Spitzenniveau
geht. Von Grammeln über Pansencar-
bonara und Hahnsuppe bis hin zu Fer-
kelhaxen gibt es alles, was die ungarische Küche hergibt. Unbedingt probieren sollte man die „ungarischen Tapas"
von Küchenchef Viktor Varju. Teilhaber
des Bock Bisztró ist der wohl bekann-
teste ungarische Spitzenwinzer, József
Bock, dessen Vollsortiment man nicht
nur auf der Weinkarte, sondern auch in
der zum Lokal gehörenden Weinhandlung findet. Das Restaurant befindet sich
im Gebäude des Corinthia Hotel, ist aber
von der Straße aus zugänglich. Reservierung dringend empfohlen.

🔊**58** [D4] **Café Kör** €€€, V. Sas u. 17,
U-Bahn M3 Arany János utca, Tel.
3110053, www.cafekor.com, geöffnet: Mo.–Sa. 10–22 Uhr. Bei ausländischen Gästen sehr beliebtes, stilvolles
Lokal in der Nähe der St.-Stephans-Basi-
lika. Traditionelle ungarische Küche mit
wechselnder Tageskarte. Eher für gesel-
lige Runden als für romantische Diners

Lecker vegetarisch

Vegetarier haben es schwer in
Ungarn. Die traditionelle ungarische Restaurantküche kennt eigentlich keine vegetarischen Gerichte.
Fleischlose Ernährung gilt bis heute
als **Zeichen von Armut,** und dementsprechend ist der Anteil der Vegetarier in der Bevölkerung verschwin-
dend gering. Kein Wunder, dass von
den wenigen vegetarischen Restaurants in Budapest, die in der zweiten
Hälfte der 1990er-Jahre entstanden
sind, heute keines mehr existiert.

Praktisch jedes Restaurant hat
aber zumindest ein vegetarisches
Gericht auf der Speisekarte: **geba-
ckenen Käse.** Man findet ihn auf der
Karte zumeist unter „Warme Vor-
speisen", wobei die Größe der Portionen nicht selten die Frage auf-
wirft, wie jemand danach überhaupt
noch ein Hauptgericht essen sollte.
Eine größere Auswahl an vegetarischen Gerichten bieten zum Beispiel das **Apacuka** (s. S. 26), das
Kőleves (s. S. 27), das **Manna**
(s. S. 27) und natürlich die italienischen (s. S. 31) und indischen
Lokale (s. S. 32).

geeignet, da das Lokal immer sehr gut
besucht ist. Aus diesem Grund ist auch
eine Reservierung unbedingt empfehlenswert. Achtung: Bezahlung nur mit
Bargeld möglich!

🔊**59** [E6] **Centrál** €€€, V. Károlyi u. 9,
U-Bahn M3, Bus 5, 7, 7E, 8, 15, 112,
115, 173, 173E, 178, 233E und 239
Ferenciek tere (auf den Linien 15 und
115 nur in Richtung Lehel tér/Árpád híd
bedient), Tel. 2662110, www.central
kavehaz.hu, geöffnet: Mo.–So. 8–23
Uhr. Das Centrál war von seiner Eröffnung 1887 bis zur Verstaatlichung 1949

einer der wichtigsten Treffpunkte der Budapester Schriftsteller und Intellektuellen. Sogar während der düsteren Jahre des Zweiten Weltkriegs fand hier eine regelrechte „Freie Universität" statt, wie es einer der damaligen Gäste treffend beschrieb. Nach einer wenig rühmlichen Geschichte als Kantine und Studentenklub feierte das Centrál 1999 seine Auferstehung und pflegt seither die Traditionen des Pester Bürgertums, was sowohl in der Atmosphäre als auch auf der Speisekarte seinen Niederschlag findet.

60 [D4] **Első Pesti Rétesház** €€, V. Október 6. u. 22, U-Bahn M3 Arany János utca, Tel. 4280134, www.reteshaz. com, geöffnet: Mo.–Do. 10–1 Uhr, Fr. 10–2 Uhr, Sa. 12–2 Uhr, So. 12–24 Uhr. Viele Kenner sind davon überzeugt, dass in Ungarn die besten Strudel der Welt gemacht werden. Das „Erste Pester Strudelhaus", so der Name des Lokals, versucht sich mit innovativen Rezepten und neu interpretierten Klassikern in die Tradition der Strudelherstellung einzureihen.

61 [B1] **Földes Józsi Vendéglője** €€, II. Frankel Leó út 30–34, HÉV 5, Straßenbahn 4/6, Bus 86, 91, 109, 160, 191, 206, 260 und 291 Margit híd budai hídfő, www.foldesjozsikonyhaja.hu, Tel.

4383710, geöffnet: Mo. 11.30–15.30 Uhr, Di.–Sa. 11.30–22 Uhr und So. 12–15.30 Uhr. Nachdem József Földes als Chefkoch die ganze Welt bereist und in Fünfsternehotels und Gourmetrestaurants gekocht hat, eröffnete er 2007 in Buda „sein" Lokal, in dem er so kocht, wie er es von seiner Großmutter abgeschaut hat. Eine echte Empfehlung für Freunde der gutbürgerlichen ungarischen Küche!

62 [G5] **Kulacs** €€€, VII. Osváth u. 11, U-Bahn M2, Straßenbahn 4/6, Bus 5, 7, 7E, 8, 173, 173E und 178 Blaha Lujza tér, Tel. 3223611, www.kulacsetterem. hu, geöffnet: Mo.–So. 12–24 Uhr. In dieser legendären Pester Institution schrieb Rezső Seress sein weltbekanntes „Lied vom traurigen Sonntag". Heute erinnert eine Gedenktafel an den Pianisten, dessen Leben 1999 unter dem Titel „Ein Lied von Liebe und Tod – Gloomy Sunday" mit Joachim Król, Ben Becker und Erika Marozsán verfilmt wurde. Für die musikalische Untermalung sorgt heute die Zigeunerkapelle von Sándor Kalla, die Küche serviert alle bekannten ungarischen Klassiker.

▵ *Die Budapester essen und trinken gern unter freiem Himmel*

056bp Abb.: gk

⌂ *In Budapest treffen verschiedene kulinarische Traditionen aufeinander*

🔴**63** [F6] **Múzeum** €€€, VIII. Múzeum krt. 12, U-Bahn M2, Straßenbahn 47/49, Bus 5, 7, 8, 9, 109, 112, 173, 178, 233E und 239 Astoria, Tel. 2670375, www. muzeumkavehaz.hu, geöffnet: Mo.–Sa. 18–24 Uhr. Traditionsreiches, 1885 gegründetes Lokal direkt neben dem Nationalmuseum und eines der Flaggschiffe der alten, großbürgerlichen Budapester Küche. Besonders empfehlenswert sind die Geflügelgerichte.

🔴**64** [A4] **Pest-Buda** €€€, I. Fortuna u. 3, Bus 16 Szentháromság tér, Tel. 2250377, www.pestbudabistro.hu, geöffnet: Mo.–So. 11–24 Uhr. Mitten im Burgviertel werden hier ausschließlich ungarische Klassiker „wie bei Oma" zubereitet. Dennoch ist das Pest-Buda frei von jeglicher miefiger Folkloreatmosphäre, sondern besticht durch ein zeitgemäßes Ambiente.

🔴**65** [F6] **Ruben** €€, V. Magyar u. 12–14, U-Bahn M2, Straßenbahn 47/49, Bus 5, 7, 8, 9, 109, 112, 173, 178, 233E und 239 Astoria, Tel. 2663649, www.ruben restaurant.hu, geöffnet: Mo.–So. 12–24 Uhr. Tolles Restaurant in der Innenstadt, das klassische ungarische Küche mit trendiger, zeitgemäßer Atmosphäre kombiniert. Sehr moderate Preise!

🔴**66** [E7] **Szegedi Halászcsárda** €€, V. Belgrád rkpt., Internationale Schiffsanlegestelle, Straßenbahn 2 und 47/49, Bus 15/115 Fővám tér (Bus 15/115 nur in Richtung Boráros tér bedient), Tel. 2350865, www.szegedihalaszcsarda. hu, geöffnet: Mo.–So. 11–24 Uhr. Sehr preisgünstiges Restaurant in spektakulärer Lage. Direkt am Donauufer genießt man traditionelle, ländlich-ungarische Küche mit Schwerpunkt auf Fischgerichten. Letzteres ist naheliegend: Inhaber Sándor Frank stammt aus dem südungarischen Szeged und betreibt dort neben zwei Restaurants auch eine Fischzucht. Bei schönem Wetter ist die Aussicht von der Terrasse auf Donau und Gellért-Berg unübertroffen. Einziger Wermutstropfen ist der zuweilen etwas laute Verkehr auf der unmittelbar angrenzenden Uferstraße. Abends ab und zu Zigeunermusik.

🔴**67** [C6] **Tabáni Terasz** €€€, I. Apród u. 10, Straßenbahn 18, 19 und 41, Bus 5 und 178 Döbrentei tér oder Bus 5, 86 und 178 Szarvas tér (nur in Richtung Pasaréti tér/Újbuda Függetlenségi park/Naphegy tér bedient) oder Bus 86 Ybl Miklós tér (nur in Richtung Óbuda Bogdáni út bedient), Tel. 2011086, www.tabani terasz.hu, geöffnet: Mo.–So. 12–24 Uhr. Das Restaurant befindet sich in einem der wenigen Gebäude, die beim Abriss des Stadtviertels Tabán in den 1930er-Jahren stehengelassen wurden. Im Sommer lockt der malerische Innenhof, im Winter der imposante, 250 Jahre alte Weinkeller.

Restaurants mit guter Aussicht

Wer sich beim Speisen auch einer schönen Aussicht erfreuen möchte, ist im Burgviertel am besten im Restaurant **Halászbástya** (s. S. 26) auf der Fischerbastei aufgehoben. Von hier genießt man einen spektakulären Blick auf die Pester Innenstadt und die Donaubrücken. Ein ähnliches Panorama bietet übrigens das Restaurant Icon des nebenan gelegenen Hotels Hilton.

Wer lieber die Budaer Seite im Blick behalten möchte, sollte einen Besuch des **Szegedi Halászcsárda** (s. S. 30) ins Auge fassen.

Und wer in die Vollen gehen und das komplette Stadtbild mit Buda und Pest beim Schlemmen genießen möchte, sollte eine **Schifffahrt** auf der Donau mit Abendessen buchen (s. S. 114).

Jüdisch-ungarische Küche

68 [F5] **Carmel** €€€, VII. Kazinczy u. 31, Bus 5, 7, 8, 112, 173, 178, 233E und 239 Uránia, Tel. 3221834, www.carmel. hu, geöffnet: Mo.–Fr. sowie So. 12–23 Uhr, Sa. 12–14 und 18–23 Uhr. Dieses streng koschere Restaurant liegt direkt neben der orthodoxen Synagoge (ist aber kein exklusiv orthodoxes Lokal, alle Gäste sind willkommen) und bietet den gesamten Querschnitt der jüdisch-ungarischen Küche auf hohem Niveau. Freitagabends und samstagmittags werden je zwei feste Sabbat-Menüs angeboten; für diese Tage muss im Voraus reserviert werden.

69 [F4] **Kádár** €, VII. Klauzál tér 9, Straßenbahn 4/6 Wesselényi utca oder Obus 74 Nyár utca (nur in Richtung Károly körút bedient), Tel. 3213622, geöffnet: Di.–Sa. 11.30–15.30 Uhr. Rot-weiß karierte Tischdecken, Sodawasser auf dem Tisch und vor allem die Speisekarte machen das Kádár zu einem der urigsten Lokale der Stadt. Hier wird

noch echte Hausmannskost geboten, samstags gibt es das traditionelle jüdische Scholet.

70 [cg] **Rosenstein** €€€, VIII. Mosonyi u. 3, U-Bahn M2, Bus 5, 7, 7E, 173, 173E, 178 Keleti pályaudvar, Tel. 3333492, www.rosenstein.hu, geöffnet: Mo.–Sa. 12–23 Uhr. Schon seit vielen Jahren ist Tibor Rosensteins Restaurant trotz seiner wenig glamourösen Lage in einer Seitengasse neben dem Ostbahnhof eine feste Anlaufstelle für Feinschmecker, die der traditionellen jüdischen und ungarischen Kochkunst frönen möchten. Dabei verlässt sich Herr Rosenstein, der selbst am Herd steht, auf die überlieferten Rezepte seiner Familie und seinen eigenen Geschmack – und der kennt keine Scheuklappen: „Alles, was gut ist, ist koscher", zitiert er mit einem Augenzwinkern seine Großmutter und scheut sich nicht, auch Gerichte zuzubereiten, die den strengen jüdischen Regeln möglicherweise nicht ganz entsprechen.

71 [F5] **Spinoza** €€, VII. Dob u. 15, U-Bahn M2, Straßenbahn 47/49, Bus 5, 7, 8, 9, 109, 112, 173, 178, 233E und 239 Astoria, Tel. 4137488, www. spinozahaz.hu, geöffnet: Mo.–So. 8–23 Uhr. In der Nähe der Großen Synagoge gelegen, bietet das Spinoza leichte, israelisch angehauchte Küche. Auch der Klassiker der jüdischen Budapester Küche, die Gänsesuppe mit Matzenknödeln, darf nicht fehlen. Abends werden die Gäste mit Klaviermusik unterhalten, ab und zu finden im benachbarten Theatersaal Konzerte und Kleinkunstvorstellungen statt.

Italienische Küche

72 [F4] **Fausto's** €€€€, VI. Székely Mihály u. 2, U-Bahn M1, Bus 105 Bajcsy-Zsilinszky út, Tel. 8776210, www.fausto. hu, geöffnet: Mo.–Fr. 12–15 und 19–23 Uhr, Sa. 18–23 Uhr. Budapests Nobelitaliener schlechthin, mit einer erlesenen Auswahl an mediterranen Gerichten. Trotz des gehobenen Preisniveaus bekommt man Pastagerichte schon ab 2800 Ft.

🏠**73** [G5] **Il Terzo Cerchio** €€€, VII. Dohány u. 40, U-Bahn M2, Straßenbahn 4/6, Bus 5, 7, 7E, 8, 173, 173E und 178 Blaha Lujza tér, Tel. 3540788, www.ilterzocerchio.hu, geöffnet: Mo.–So. 12–24 Uhr. Ein guter Italiener in der Nähe des Blaha Lujza tér mit breiter Auswahl an bekannten italienischen Speisen.

🏠**74** [F5] **Osteria** €€€, VII. Dohány u. 5, U-Bahn M2, Straßenbahn 47/49, Bus 5, 7, 8, 9, 109, 112, 173, 178, 233E und 239 Astoria, Tel. 2696806, www.osteria.hu, geöffnet: Mo.–Sa. 12–23 Uhr. Fausto di Voras zweiter Streich ist eine einfache Osteria – zumindest im Vergleich zu seinem anderen Lokal, dem noblen Fausto's (s. S. 31). Die Küche der Osteria versucht mit Gerichten wie Entenbrust in Tokajersoße und Hähnchenbrust mit Schafskäse und Frühlingszwiebeln eine Brücke zwischen der mediterranen und der ungarischen Kochkunst zu schlagen.

🏠**75** [D4] **Pomo D'oro** €€€, V. Arany János u. 9, Straßenbahn 2, Bus 16 und 105 Széchenyi István tér oder Bus 15/115 Széchenyi utca (nur in Richtung Boráros tér bedient), Tel. 3026473, www.pomodorobudapest.com, geöffnet: Mo.–So. 12–24 Uhr. Das Pomo D'oro wird von Budapests wohl bekanntestem Italiener geführt: Gianni Annoni ist dem ungarischen Publikum nicht nur als Gastronom, sondern auch als Fernsehkoch bekannt, und selbst sein Engagement als Reklamegesicht einer Discounterkette konnte dem exzellenten Ruf des Pomo D'oro als Edel-Trattoria nichts anhaben. Hervorragende mediterrane Küche nach authentischen Rezepten mit besten Zutaten zubereitet.

Indische und asiatische Küche

🏠**76** [D4] **Salaam Bombay** €€, V. Mérleg u. 6, Straßenbahn 2 Eötvös tér oder Bus 16 und 105 Hild tér (in Richtung Széll Kálmán tér/Apor Vilmos tér) bzw. József nádor tér (in Richtung Deák Ferenc tér/Gyöngyösi utca), Tel. 4111252, www.salaambombay.hu, geöffnet: Mo.–So. 12–15 und 18–23 Uhr. Trendiger, modern eingerichteter Inder in der Innenstadt mit gutem Preis-Leistungs-Verhältnis.

🏠**77** [F4] **Shalimar** €€, VII. Dob u. 50, Straßenbahn 4/6 Király utca oder Obus 70 und 78 Erzsébet körút, Tel. 3520297, www.shalimar.hu, geöffnet: Mo.–So. 12–16 und 18–24 Uhr. Das Shalimar wird regelmäßig zum besten indischen Restaurant Budapests gewählt. Klassische indische Küche in unspektakulärer Atmosphäre.

🏠**78** [ch] **Wang mester konyhája** €€, IX. Telepy u. 24, U-Bahn M3 Nagyvárad tér, Tel. 4557021, www.kinaikonyha.hu, geöffnet: Mo.–So. 12–23 Uhr. Zweifelsohne das beste asiatische Restaurant der Stadt. Da sich ein großer Teil der Gäste aus der chinesischen Kolonie Budapests rekrutiert, kommt „Meister Wangs Küche" ohne die in europäischen Chinarestaurants übliche, kitschige, pseudo-chinesische Einrichtung aus. Auch die Kochkunst von Inhaber Wang Qiang ist absolut authentisch, wird aus direkt importierten Zutaten zubereitet und macht kaum Zugeständnisse an den westlichen Massengeschmack. Für Freunde der chinesischen Küche und neugierige Feinschmecker lohnt sich der Abstecher in das ansonsten nicht gerade glamouröse Viertel.

WLAN-Hotspots

Lokalitäten mit WLAN-Hotspots sind hier mit „@@" gekennzeichnet.

Kaffeehäuser und Cafés

79 [B3] **Angelika**, I. Batthyány tér 7, U-Bahn M2, Straßenbahn 19/41, Bus 11, 39, 86, 160 und 260 Batthyány tér, www.angelikacafe.hu, geöffnet: Mo.–So. 9–24 Uhr (November bis März nur bis 23 Uhr). Besonders wegen seiner zur Donau weisenden Sommerterrasse mit tollem Blick auf das Parlament empfehlenswert. Neben Kaffee und Kuchen werden auch „richtige" Speisen angeboten.

80 [E6] **Auguszt**, V. Kossuth Lajos u. 14–16, U-Bahn M3, Bus 5, 7, 7E, 8, 15, 112, 115, 173, 173E, 178, 233E und 239 Ferenciek tere (auf den Linien 15 und 115 nur in Richtung Lehel tér/Árpád híd bedient), www.augusztcukraszda.hu, geöffnet: Mo.–Fr. 9–19 Uhr, Sa. 11–18 Uhr. 1870 (an anderer Stelle) gegründeter Familienbetrieb in einem typischen Mietshaus der Pester Innenstadt. Hier kann man von Esterházy- bis Dobos-Torte alle Klassiker der ungarischen Konditorenkunst probieren. Bei gutem Wetter sitzt man im Innenhof.

81 [E6] **Big Ben**, V. Veress Pálné u. 10, U-Bahn M3, Bus 5, 7, 7E, 8, 15, 112, 115, 173, 173E, 178, 233E und 239 Ferenciek tere (auf den Linien 15 und 115 nur in Richtung Lehel tér/Árpád híd bedient), www.bigbenteahaz.hu, geöffnet: Mo.–So. 10–22 Uhr. Modern eingerichtetes, gemütliches Teehaus.

› **BookCafé** ®®, geöffnet: Mo.–So. 10–22 Uhr. Spektakuläres Café im ersten Stock des Buchgeschäfts Alexandra im ehemaligen Pariser Kaufhaus **21**. Der Saal, in dem sich heute das BookCafé befindet, ist mit Fresken des Künstlers Károly Lotz verziert, der unter anderem auch für die Innendekoration des Parlaments verantwortlich zeichnet. Um zum Café zu gelangen, muss man durch das Erdgeschoss des Buchgeschäfts gehen und mit der Rolltreppe oder dem Aufzug hinauffahren.

82 [A5] **Déryné** ®®, I. Krisztina tér 3, Straßenbahn 18, Bus 16, 105 und 178 Krisztina tér (auf Buslinie 16 nur in Richtung Deák Ferenc tér, auf Buslinie 178 nur in Richtung Naphegy tér bedient) oder Bus 5 und 178 Alagút utca (auf Buslinie 178 nur in Richtung Keleti pályaudvar bedient), geöffnet: Mo.–So. 7.30–1 Uhr. Trendiges Café und Bistro am Fuß des Burgviertels. Sehr gute, hausgemachte Limonaden und toller Mittagstisch.

83 [D2] **Európa**, V. Szent István krt. 7–9, Straßenbahn 2 und 4/6, Bus 26, 91, 109, 191, 206 und 291, Obus 75 und 76 Jászai Mari tér, www.europakavehaz.hu, geöffnet: Mo.–So. 9–23 Uhr (November bis April bis 22 Uhr). Was das Café Művész (s. S. 35) für die Staatsoper, ist das Európa für das gegenüber gelegene Lustspieltheater: ein Treffpunkt für Künstler, Theaterbesucher und Müßiggänger. Dazu gibt es guten Kaffee und klassisches Interieur der Zwischenkriegszeit.

EXTRATIPP

Dinner for one

Alleinreisende Gäste sind natürlich in allen Budapester Lokalen gerne gesehen, niemand wird schief angeschaut. Am schnellsten ins Gespräch mit Einheimischen und anderen Budapest-Besuchern kommt man in den **Restaurants** und **Cafés** auf dem **Liszt Ferenc tér** [F4] und in der **Ráday utca** [F7/8], wo die Tische bei gutem Wetter dicht an dicht stehen.

Viele kleinere Cafés pflegen außerdem einen sehr persönlichen Umgangston jenseits von unverbindlicher Service-Freundlichkeit, so etwa das **Fröhlich** (s. S. 34), das **Farger** (s. S. 34) oder das **Zsivágó** (s. S. 35).

012bp Abb.: mt

84 [D3] **Farger** ⊕⊕, V. Zoltán u. 18, U-Bahn M2, Straßenbahn 2, Bus 15/115 Kossuth Lajos tér, www.farger.hu, geöffnet: Mo.–Fr. 7–22 Uhr, Sa.–So. 9–18 Uhr. Gemütliches Café am Szabadság tér mit toller heißer Schokolade.

85 [E2] **Figaro**, XIII. Borbély u. Ecke Katona József u., U-Bahn M3, Straßenbahn 4/6, Bus 26, 91, 109, 191, 206 und 291, Obus 72 und 73 Nyugati pályaudvar oder Bus 15/115 Szent István körút, geöffnet: Mo.–So. 8–22 Uhr. Eine grüne Oase in der Großstadt: Mitten im XIII. Bezirk schlürft man seinen Kaffee auf einem leeren Grundstück an einem kleinen Gartenteich unter alten Bäumen. Nur bei gutem Wetter geöffnet.

86 [F5] **Fröhlich**, VII. Dob u. 22, U-Bahn M2, Straßenbahn 47/49, Bus 5, 7, 8, 9, 109, 112, 173, 178, 233E und 239 Astoria, www.frohlich.hu, geöffnet: Mo.–Do. 9–18 Uhr, Fr. 9–14 Uhr, So. 10–18 Uhr, samstags und an jüdischen Feiertagen geschlossen. Etwas versteckt im historischen jüdischen Viertel befindet sich „die einzige koschere Konditorei Europas östlich von Zürich", wie Inhaber György Fröhlich sagt. Unbedingt probieren sollte man das Glanzstück der jüdischen Zuckerbäcker von Pest, den „Flódni" – praktischerweise spart man sich mit dem Genuss der mit Mohn, Apfel und Walnuss zubereiteten Kalorienbombe auch gleich die folgende Mahlzeit.

87 [E6] **Gerlóczy** ⊕⊕, V. Kamermayer Károly tér, U-Bahn M3, Bus 5, 7, 7E, 8, 15, 112, 115, 173, 173E, 178, 233E und 239 Ferenciek tere (auf den Linien 15 und 115 nur in Richtung Lehel tér/Árpád híd bedient), www.gerloczy.hu, geöffnet: Mo.–So. 7–23 Uhr. Obwohl erst vor einigen Jahren eröffnet, gibt das Gerlóczy die Atmosphäre der legendären „alten" Budapester Kaffeehäuser am authentischsten wieder. Von früh morgens bis spät am Abend kann man hier einfach sitzen und an seinem Kaffee nippen, unter der alten Kastanie die Seele baumeln lassen, lesen und schreiben, Menschen beobachten, Frühstück, Mittagstisch und Abendessen verzehren oder dem Musiker zuhören, der abends auf der goldenen E-Harfe „My way" spielt. Und so entspannt, lässt man sich auch von den nicht ganz billigen Preisen und der langsamen Bedienung nicht aus der Ruhe bringen.

88 [D9] **Hadik** ⊕⊕, XI. Bartók Béla út 36, Straßenbahn 18, 19/41 und 47/49 Gárdonyi tér, www.hadikkavehaz.com, geöffnet: Mo.–So. 9–23 Uhr. Traditionsreichstes Café Budas und einst Treffpunkt bedeutender Künstler und Literaten. Nachdem das Ladenlokal lange Zeit unter anderem als Schuhgeschäft gedient hatte, wurde es vor einigen Jahren als Café und Ausstellungsort wiederbelebt. Mittags kann man für sagenhaft günstige 890 Ft speisen, abends gibt es oft Konzerte und Kleinkunst.

89 [cf] **Hősök Tere Café** ⊕⊕, VI. Dózsa György út 96, U-Bahn M1 Hősök tere, www.hosokterekavezo.hu, geöffnet: Mo.–Mi. 9–21 Uhr, Do.–Sa. 9–22 Uhr, So. 9–21 Uhr. Sehr stilvolles, zeitgemäßes Café in einem grandiosen Altbau direkt am Heldenplatz und gegenüber

◁ *Das Café Művész ist eine feste Anlaufstelle in der Andrássy út* vom Museum für Bildende Kunst. Neben Kaffee und Kuchen werden auch Sandwiches und kleine Snacks angeboten.

↻**90** [D4] **Hütte**, V. Szabadság tér, mitten auf dem Platz, U-Bahn M2, Straßenbahn 2, Bus 15/115 Kossuth Lajos tér, geöffnet: Mo.–So. 8–24 Uhr. Terrassencafé auf der Rasenfläche des Szabadság tér. Im Sommer sitzt man mitten auf dem riesigen Platz – und im Winter auch, denn dann ist die „Hütte" mit einem transparenten, aufblasbaren Zelt überzogen.

↻**91** [cf] **Kertem**, XIV. Olof Palme sétány 3, U-Bahn M1, Bus 105 Hősök tere, www.kertemfesztival.hu, geöffnet: nur im Sommer Mo.–So. 11–4 Uhr. Sympathisches Gartenlokal mit Bierbänken im Stadtwäldchen, südöstlich vom Teich.

↻**92** [B5] **Korona**, I. Dísz tér 16, Bus 16 Dísz tér, geöffnet: Mo.–So. 10–19 Uhr. Vor allem bei auswärtigen Besuchern beliebtes Café mitten im Burgviertel. Das Korona gehört ebenso wie das berühmte Ruszwurm der Konditorenfamilie Szamos.

↻**93** [F4] **Művész**, VI. Andrássy út 29, U-Bahn M1, Bus 105 Opera, www.muveszkavehaz.hu, geöffnet: Mo.–Mi. 9–22 Uhr, Do.–Sa. 9–24 Uhr, So. 10–22 Uhr. Seit 1898 beliebter Treffpunkt von indisponierten Opernsängern und erschöpften Touristen. Das Biedermeierinterieur steht unter Denkmalschutz.

↻**94** [D5] **Szamos Gourmet Ház** ⁰⁰, V. Váci u. 1, U-Bahn M1 Vörösmarty tér, www.szamosmarcipan.hu, geöffnet: Mo.–So. 8.30–21 Uhr. Neues Café der Familie Szamos im traditionellen Stil, mitten im Pester Stadtzentrum. In der Schokoladenmanufaktur kann man den Konditoren bei der Arbeit über die Schulter schauen.

↻**95** [F5] **Uránia**, VIII. Rákóczi út 21, Bus 5, 7, 8, 112, 173, 178, 233E und 239 Uránia, www.uraniakavehaz.hu, geöffnet: Mo.–So. 10–22 Uhr. Intimes Café in der oberen Etage des denkmalgeschützten Uránia-Filmtheaters. Nicht nur Kinofans können in dem einzigartigen, neo-maurischen Gemäuer ihren Kaffee genießen.

↻**96** [F3] **Vörös Oroszlán**, VI. Jókai tér 8, U-Bahn M1, Straßenbahn 4/6, Bus 105 Oktogon, www.vorosoroszlanteahaz.hu, geöffnet: Mo.–Sa. 11–23 Uhr, So. 15–23 Uhr. Seit über einem Jahrzehnt ist das „Teehaus zum Roten Löwen" der Treffpunkt für Teeliebhaber. Abends und am Wochenende leider oft überfüllt.

↻**97** [F4] **Zsivágó**, VI. Paulay Ede u. 55, U-Bahn M1, Straßenbahn 4/6, Bus 105 Oktogon, geöffnet: Mo.–Fr. 8–24 Uhr, Sa. 12–24 Uhr. Verblichene Sofas, ein ausrangiertes Klavier und natürlich der Samowar versetzen die Gäste des nach der Romanfigur Dr. Schiwago benannten Cafés in die Zeit des untergehenden russischen Bürgertums der Wende vom 19. zum 20. Jahrhundert. Die russischungarische Wirtin Anna Pavlov verwöhnt die Besucher ihres kleinen Lokals mit original russischen Snack-Spezialitäten, richtig gutem Wodka (stilecht auch als 100-Gramm-Portion) und abends mit russischer und ungarischer Livemusik.

EXTRATIPP

Für den späten Hunger
In den meisten Restaurants hat die Küche bis 22 Uhr geöffnet. Wer danach noch Hunger hat, bekommt in vielen Bars und Abbruchklubs auch zu später Stunde einen warmen Imbiss. Unter Nachtschwärmern genießt das Schnellrestaurant **Montenegrói Gurman** einen guten Ruf. Hier erhält man rund um die Uhr frische Grillspezialitäten vom Balkan. Einen zusätzlichen Rettungsanker für Hungrige bieten die zahlreichen **Dönerbuden** am Großen Ring (s. S. 87) zwischen Westbahnhof und Blaha Lujza tér.

↻**98** [G5] **Montenegrói Gurman**, VII. Rákóczi út 54, am Blaha Lujza tér unter den Arkaden

Budapest am Abend

Nachtleben

Budapest ist eine der **angesagtesten Partymetropolen** Mitteleuropas. Viele Kneipen und Klubs nehmen den etwas verblichenen Charme der innerstädtischen Stadtviertel auf und sorgen so für eine Atmosphäre, die von einem angenehmen Understatement bestimmt wird. Selbstverständlich gibt es auch hier Etablissements für die Reichen und Schönen, aber das sogenannte „**alternative**" Element hat in der Klubszene deutliches Übergewicht.

Entsprechend unaufgeregt geht es im Nachtleben allgemein zu. Eintritt wird nur verlangt, wenn es Livemusik gibt (und selbst dann nicht immer), Dresscodes und Einlasskontrollen gibt es allerhöchstens in veritablen Edeldiscos. Ansonsten gilt die Devise „Leben und leben lassen". Nur bei lauten Unterhaltungen auf der Straße vor den Klubs kann das Sicherheitspersonal extrem ungemütlich werden, denn manche Kommunalpolitiker gehen mit dem Versprechen der Einführung von Sperrstunden und „Ruheverordnungen" auf Stimmenfang. Bislang sind sie damit aber weitgehend erfolglos geblieben, sodass die Party zumindest am Wochenende bis in die Morgenstunden steigt.

Schwerpunkt des Nachtlebens ist das historische jüdische Viertel um die **Kazinczy utca** [F5]. Hier reihen sich Klub an Klub und Kneipe an Kneipe. Deutlich touristischer ist der **Liszt Ferenc tér** [F4] nebst Seitengassen in der Nähe des Oktogon, was aber nicht unbedingt schlecht sein muss: Besonders im Sommer ist die Atmosphäre auf dem mit alten Bäumen bestandenen Platz wirklich angenehm. Inte-

ressante Orte findet man auch im VIII. Bezirk um den **Mikszáth Kálmán tér** [G7], wo vor allem studentisches Publikum anzutreffen ist. Die vom Kálvin tér ausgehende **Ráday utca** [F7/8] wiederum wurde auf gesteuerte Weise zu einer Gastromeile ausgebaut. Hier sitzt man im Sommer bis spät in die Nacht draußen und genießt die Großstadtatmosphäre.

Buda ist aus der Party-Perspektive betrachtet tiefste Provinz, lediglich das Schiff A38 und das Szatyor sorgen für einen – allerdings umso helleren – Lichtblick.

Bars, Klubs und Kneipen

⟲**99** [F5] **400**, VII. Kazinczy u. 52/b, U-Bahn M1, Bus 105 Opera, www. 400bar.hu, geöffnet: Mo.–Mi. 11–3 Uhr, Do.–Sa. 11–5 Uhr, So. 11–3 Uhr. Trendige Bar in der Kazinczy utca mit preiswertem Mittagstisch. Abends gibt es als besonderes Extra Balkanspezialitäten vom Grill.

⟲**100** [F10] **A38**, XI. Pázmány Péter sétány (fest angetäutes Schiff an der Budaer Seite der Petőfi-Brücke), Straßenbahn 4/6, Bus 212 Petőfi híd budai hídfő, Tel. (Restaurant) 4643946, www.a38.hu, geöffnet: Klub: Mo.–So. 11–4 Uhr, Deck: Mo.–So. 16–4 Uhr, Restaurant: Mo.–Sa. 11–23 Uhr. Das zur Bar, Galerie und zum Musikklub umfunktionierte ehemalige Frachtschiff wurde im Februar 2012 von den Lesern des Lonely Planet mit deutlichem Abstand zur „besten Bar der Welt" gekürt. Das A38 bietet ein anspruchsvolles Programm und ist der bevorzugte Budapester Auftrittsort für in- und ausländische Bands von Jazz bis Punkrock. Bei schönem Wetter sind die Außendecks ein wunderbarer Ort, um sich bei einem Drink die Donaubrise um die Nase wehen zu lassen. Auch das Restaurant im Oberdeck ist hervorragend. WLAN-Hotspot.

❼**101** [G5] **Corvintető**, VIII. Blaha Lujza tér 1–2 (Eingang in der Somogyi Béla utca neben der Imbissbude), U-Bahn M2, Straßenbahn 4/6, Bus 5, 7, 7E, 8, 173, 173E und 178, www.corvinteto. hu, geöffnet: Di.–Sa. 19–5 Uhr. Reggae, Breakbeat und Hip-Hop im Dachgeschoss des Kaufhauses Corvin. Im Sommer chillt man auf der Dachterrasse und genießt den herrlichen Blick auf die Stadt. WLAN-Hotspot.

❼**102** [G5] **Doboz**, VII. Klauzál u. 10, U-Bahn M2, Straßenbahn 4/6, Bus 5, 7, 7E, 8, 173, 173E und 178 Blaha Lujza tér oder Obus 74 Nyár utca (nur in Richtung Károly körút bedient), geöffnet: Mo.–Mi. 17–2 Uhr, Do.–Sa. 17–5 Uhr. Klub im historischen jüdischen Viertel, der anspruchsvolle Electro-Musik im Programm hat.

❼**103** [E6] **Fat Mo's**, V. Nyáry Pál u. 11, U-Bahn M3, Bus 5, 7, 7E, 8, 15, 112, 115, 173, 173E, 178, 233E und 239 Ferenciek tere (auf den Linien 15 und 115 nur in Richtung Lehel tér/Árpád híd bedient), www.fatmos.hu, geöffnet: Mo.–Mi. 17–1 Uhr, Do.–Sa. 17–3 Uhr, So. 17–1 Uhr. Dieser täglich live bespielte, klassische Rock- und Bluesklub wurde nach „Fat" Mo Smith, einem der legendären Alkoholfahnder der amerikanischen Prohibitionszeit, benannt. Aber keine Sorge, Fat Mo eröffnete nach dem Ende seiner Beamtenlaufbahn selbst eine Kneipe, und auch in der Nyáry Pál utca in der Pester Innenstadt kommen Freunde des gepflegten Bieres auf ihre Kosten.

❼**104** [E4] **Morrison's Opera**, VI. Révay u. 25, U-Bahn M1, Bus 105 Opera, www. morrisons.hu/opera, geöffnet: Mo.–Sa. 19–4 Uhr. Diskothek und Klub mit festem Programm: Montags Studententag, dienstags Salsa, mittwochs Cocktailparty, freitags und samstags Ü30. Gespielt wird jeden Tag vor allem Funk und R'n'B.

❼**105** [D4] **Ötkert**, V. Zrínyi u. 4, Straßenbahn 2, Bus 16 und 105 Széchenyi István tér oder Bus 15/115 Zrínyi utca (nur in Richtung Boráros tér bedient), www. otkert.hu, geöffnet: Mo.–Di. 11–24 Uhr, Mi.–Do. 11–4 Uhr, Fr.–Sa. 11–5 Uhr. Mischung aus Innenhofbar und Edelklub. Wer an den Türstehern vorbeikommt, kann sich auf gute Cocktails, gepflegte elektronische Musik und Budapests Reiche und Schöne (und solche, die es werden wollen) freuen. Dennoch nicht exorbitant teuer.

❼**106** [D9] **Szatyor**, XI. Bartók Béla út 36, Straßenbahn 18, 19/41 und 47/49 Gárdonyi tér, www.szatyorbar.com, geöffnet: Mo.–Fr. 12–1 Uhr, Sa.–So. 14–1 Uhr. Bar und Galerie neben dem Künstlercafé Hadik (s. S. 34) in Buda. Musikalisch stehen jazzige und loungige Töne auf dem Programm. WLAN-Hotspot.

☑ Ganz fitte Szenegänger gehen morgens aus dem Abbruchklub Instant (s. S. 38) direkt ins Büro

Budapest am Abend

Abbruchklubs und alternative Kneipen

🕐**107** [F4] **Fogasház,** VII. Akácfa u. 51, Straßenbahn 4/6 Wesselényi utca oder Obus 74 Nyár utca (nur in Richtung Károly körút bedient), www.fogashaz.hu, geöffnet: Mo.–Sa. 10–4 Uhr, So. 16–4 Uhr. Alternative Kneipe im historischen jüdischen Viertel mit Off-Theater-Vorstellungen und Konzerten. WLAN-Hotspot.

🕐**108** [ch] **Gondozó,** VIII. Vajdahunyad u. 4, Straßenbahn 4/6, Bus 9/109, Obus 83 Harmincketteesek tere, geöffnet: Mo.–So. 14–2 Uhr. Neuzugang unter den Abbruchklubs in einem ehemaligen Pflegeheim für soziale Härtefälle. Stilvoller Innenhof, am Wochenende Konzerte: NuJazz, Electro und Reggae.

🕐**109** [F5] **Grandio,** VII. Nagy Diófa u. 8, Bus 5, 7, 8, 112, 173, 178, 233E und 239 Uránia oder Obus 74 Nagy Diófa utca (nur in Richtung Csáktornya park bedient), www.grandiopartyhostel.com. Schönes Gartenlokal in einem eingeschossigen Haus, das eigentlich schon längst hätte abgerissen werden sollen. Vor allem internationales Publikum, das zum Teil im hauseigenen Hostel im oberen Stockwerk übernachtet, aber mutmaßlich wenig Schlaf bekommt. WLAN-Hotspot.

🕐**110** [E3] **Instant,** VI. Nagymező u. 38, U-Bahn M1, Bus 105 Opera oder U-Bahn M3, Obus 72 und 73 Arany János utca, www.instant.co.hu, geöffnet: Mo.–So. 12–3 Uhr. Budapests größter Abbruch-

Abbruchklubs und Gärten – Tanz am Rande der Vergänglichkeit

Unter internationalen Partygängern ist Budapest seit einem guten Jahrzehnt für eine spezifische Form der Gastronomie bekannt. Die sogenannten Abbruchklubs („romkocsma") sind heute zentraler Bestandteil des Nachtlebens der Stadt und haben in anderen ungarischen Städten und darüber hinaus Nachfolger.

*Am Anfang stand die **Immobilienspekulation**. Um die Jahrtausendwende herum begannen Unternehmen, in großem Stil unrenovierte Altbauten im Stadtzentrum aufzukaufen. Zur Überbrückung der laufenden Kosten zwischen der Aussiedlung der Altmieter und dem Beginn der Umbau- oder Abrissarbeiten vermieteten die neuen Eigentümer die Gebäude für wenig Geld an **Gastronomen und Künstler**. Die neuen Nutzer verstanden sich auf Improvisation: Einige vom Sperrmüll geholte oder gar von den Mietern zurückgelassene Möbel, eine Bar aus*

Wellblechresten im Innenhof, einige selbstgestaltete Deko-Elemente, und fertig war der Abbruchklub.

*Schnell verbreitete sich ein Kult um diese neue Form des Klubs. Die betonte, aber nie überkandidelte Lässigkeit, die unaufgeregte Selbstironie und nicht zuletzt die der Form eigene Vergänglichkeit trafen perfekt das Lebensgefühl der Stadt. Immer mehr Klubs wurden richtig erfolgreich, und schon bald wurden Abbruchklubs nicht als Not- oder Zwischenlösung gegründet, sondern als auf Dauer angelegte Unternehmung. Die Wirtschafts- und **Immobilienkrise** ab 2008 tat ein Übriges: Auf einmal waren Hotels und Luxuswohnungen kein besonders gutes Investment mehr, die Abbruchklubs hingegen boomten. Auf diese Weise entstand z. B. das **Instant** (s. S. 38). Andere Abbruchklubs sind hingegen plangemäß verschwunden. Ein Pionier jedoch hat alle Turbulenzen der*

klub erstreckt sich über zwei ehemalige Mietshäuser und bietet ein wahres Labyrinth aus Bühnen, Bars und Räumen. Die Hauptbühne befindet sich im Innenhof, aus dem Gewölbekeller darunter wummern die Bässe des Electroklubs. In den oberen Stockwerken laden die ehemaligen Zimmer des Hauses zum Zusammensitzen und Chillen ein. Das Interieur wurde von Künstlern gestaltet, die Sitzmöbel (darunter ein Zahnarztstuhl) stammen teilweise noch aus dem ursprünglichen Hausbewohnern. WLAN-Hotspot.

❼111 [G5] **Jelen**, VIII. Blaha Lujza tér 1–2 (Eingang Ecke Márkus Emília u./Stáhly u.), U-Bahn M2, Straßenbahn 4/6, Bus 5, 7, 7E, 8, 173, 173E und 178, www.mostjelen.hu, geöffnet: Mo.–Di. 11–2

*Szene überstanden: Das **Szimpla kert** (s. S. 39) in der Kazinczy utca ist eine echte Institution geworden und hat nicht unerheblichen Anteil daran, dass die Straße heute zur Partymeile der Stadt geworden ist. Ganz „nebenbei" betreibt das Szimpla zwei Filialen in Berlin, zur großen Freude der vielen dort lebenden Ungarn.*

*Parallel zur „Sesshaftwerdung" der Abbruchklubs hat sich in den vergangenen paar Jahren eine neue Form etabliert. Der **kert** („Garten") ist noch vergänglicher und oft nur auf eine Sommersaison angelegt. Auf unbebauten Grundstücken, in kleinen Parks oder in den Innenhöfen leerstehender Altbauten werden schnell ein paar Stühle und Tische aufgestellt und schon kann es losgehen. Niemand weiß, wie lange der Ort noch existieren wird und ob es überhaupt ein Morgen gibt, aber genau deswegen dehnt sich der einzelne Moment bis ins Unendliche.*

Uhr, Mi.–Fr. 11–4 Uhr, Sa. 16–4 Uhr, So.16–2 Uhr. Alternativ angehauchte Kneipe mit angeschlossener Weinbar. Im kleinen Raum hinten finden ab und zu Impro-Jazzkonzerte statt, nicht selten unter Mitwirkung des ehemaligen Patrons und Posaunisten Hans van Vliet. WLAN-Hotspot.

❼112 [E4] **Most**, VI. Zichy Jenő u. 17, U-Bahn M3 Arany János utca, www.mostjelen.hu. Die kleinere, etwas lautere und weniger gesetzte Schwester des Jelen in der Nähe der Staatsoper. WLAN-Hotspot.

❼113 [F5] **Szimpla kert**, VII. Kazinczy u. 14, Bus 5, 7, 8, 112, 173, 178, 233E und 239 Uránia, www.szimpla.hu, geöffnet: Mo.–So. 12–3 Uhr. Das Szimpla ist die Mutter aller Abbruchklubs und erfreut sich acht Jahre nach seiner Eröffnung am aktuellen Ort ungebrochener Beliebtheit. Der Klub nimmt eine wichtige Rolle im soziokulturellen Leben der Stadt ein: Neben dem lukrativen Barbetrieb finden in dem geräumigen Haus Workshops, Kinoabende, Konzerte und Infoveranstaltungen statt. WLAN-Hotspot.

❼114 [G8] **Tündérgyár**, IX. Tűzoltó u. 22, U-Bahn M3, Straßenbahn 4/6 Corvinnegyed, www.tundergyar.hu, geöffnet: Mo.–Mi. 17–2 Uhr, Do.–Sa. 17–4 Uhr. Direkt neben dem Theater Trafó (s. S. 42) verbirgt sich hinter dem mysteriösen Namen „Feenfabrik" ein verwinkeltes Kellergewölbe mit Konzertbühne und Bar. Musikalisch wird vor allem auf Alternative Rock und Electro gesetzt. WLAN-Hotspot.

Weinbars

❼115 [E4] **DiVino**, V. Szent István tér 3, U-Bahn M3 Arany János utca, www.divinoborbar.hu, geöffnet: Mo.–Mi. 16–24 Uhr, Do.–Sa. 16–2 Uhr, So. 16–24 Uhr. Sehr schöne, edel eingerichtete Wein- und Tapas-Bar direkt an der Basilika.

Budapest am Abend

🕐**116** [F5] **Doblo**, VII. Dob u. 20, U-Bahn M2, Straßenbahn 47/49, Bus 5, 7, 8, 9, 109, 112, 173, 178, 233E und 239 Astoria, geöffnet: Mo.–So. 8–2.30 Uhr. Im historischen jüdischen Viertel verlocken Flohmarktmöbel inmitten alter, nackter Ziegelgemäuer zu einer Pause und einem Glas Wein. Die unwahrscheinlich stylishe Weinbar bietet darüber hinaus warme Küche und ein Spätaufsteherfrühstück bis 14.30 Uhr. WLAN-Hotspot.

🕐**117** [F4] **Kadarka**, VI. Király u. 42, Straßenbahn 4/6 Király utca oder Obus 70 und 78 Erzsébet körút (nur in Richtung Erzsébet királyné útja/Keleti pályaudvar bedient) bzw. Teréz körút (nur in Richtung Kossuth Lajos tér bedient), geöffnet: Mo.–So. 12–24 Uhr. Trendige, gut sortierte Weinbar und Fachgeschäft mit ausschließlich einheimischen Weinen. Etwas kühle, zurückhaltende Atmosphäre.

⌂ *Auch Franz Liszt war von der Musikmetropole Budapest begeistert*

Theater und Konzerte

Einst Wirkungsstätte der Komponisten Franz Liszt, Gustav Mahler, Béla Bartók, Ernst von Dohnányi und Zoltán Kodály, ist Budapest bis heute von einer **regen Musikszene** geprägt. Mehrere hervorragende, international erfolgreiche Symphonieorchester und Solisten sind hier zu Hause.

Im Theaterbereich sind für ausländische Besucher **Musik- und Tanztheater** zu empfehlen, da dort die Sprachbarriere nicht so stark ins Gewicht fällt (obwohl einige Opern- und Operettenproduktionen in ungarischer Sprache aufgeführt werden). Allen voran ist die **Ungarische Staatsoper** ⑳ an der Andrássy út zu nennen, die schon als Gebäude ein Highlight ist. Die Arbeit des in München ausgebildeten ehemaligen künstlerischen Leiters, Balázs Kovalik, hat in den vergangenen Jahren aber auch das künstlerische Niveau der zuvor oft etwas verstaubten Inszenierungen deutlich gehoben. In anderen Theatern Budapests kommen wiederum die Freunde der leichten Muse sowie des zeitgenössischen Tanzes auf ihre Kosten.

❯ **Budapester Festivalorchester (Budapesti Fesztiválzenekar)**, Tel. 4894332, www.bfz.hu. Seit Jahren gehört das Festivalorchester, das an wechselnden Spielorten in der Stadt auftritt, zu den besten Klangkörpern der Welt. Wenn das Orchester nicht gerade irgendwo in der Weltgeschichte auf Tournee ist, sollten Klassikfans auf jeden Fall Ausschau nach einem Budapester „Heimspiel" halten.

🕐**118** [D1] **Budapest Jazz Club**, XIII. Hollán Ernő u. 7, Straßenbahn 4/6, Bus 26, 91, 109, 191, 206, 291, Obus 75, 76 Jászai Mari tér, www.bjc.hu, geöffnet: bei Konzerten. Im ehemaligen Kino Odeon-Lloyd im XIII. Bezirk geben sich Jazzgrößen aus dem In- und Ausland die Klinke in die Hand. Wer sich für zeitgenössischen ungarischen Jazz interessiert, sollte Ausschau nach einem der regelmäßigen Konzerte des Veronika Harcsa Quartet halten.

119 [F4] **Budapester Operettentheater (Budapesti Operettszínház)**, VI. Nagymező u. 17, U-Bahn M1, Straßenbahn 4/6, Bus 105 Oktogon, Tel. 3124866, www.operettszinhaz.hu. Von der „Fledermaus" bis „Miss Saigon" – das Operettentheater ist der Tempel der leichten Muse. Dass die Lieder auf Ungarisch gesungen werden? Kein Problem, denn die Melodien stimmen!

120 [D4] **Donaupalast (Duna Palota)**, V. Zrínyi u. 5, Straßenbahn 2, Bus 16 und 105 Széchenyi István tér oder Bus 15/115 Zrínyi utca (nur in Richtung Boráros tér bedient), Tel. 3171377, www.ticket.info.hu. Der prächtige Palast zwischen Basilika und Donau ist der richtige Ort für Freunde der guten Unterhaltung, von leichten Klassikkonzerten bis zu Folkloredarbietungen.

121 [G3] **Franz-Liszt-Gedenkmuseum (Liszt Ferenc Emlékmúzeum)**, VI. Vörösmarty u. 35, U-Bahn M1 Vörösmarty utca, Tel. 3229804, www.lisztmuseum. hu, geöffnet: Sa. 11 Uhr, Eintritt: 900 Ft, ermäßigt 450 Ft. Jeden Samstagvormittag kann man in der ehemaligen Wohnung Franz Liszts einem Kammerkonzert

EXTRATIPP

Musical unter freiem Himmel
Auf den Freilichtbühnen auf der **Margaretheninsel** [C1] und im **Városmajor-Park** beim Széll Kálmán tér [A3] werden in den Sommermonaten **Musicals** und **Tanzvorstellungen** gegeben. Infos: www.szabadter.hu.

lauschen. Das Ticket gilt gleichzeitig als Eintrittskarte in die Ausstellung über das Leben des großen Komponisten.

122 [B4] **Haus der Traditionen (Hagyományok Háza)**, I. Corvin tér 8, Straßenbahn 19/41, Bus 86 Halász utca (Bus 86 nur in Richtung Óbuda Bogdáni út bedient) oder Bus 86 Szilágyi Dezső tér (nur in Richtung Újbuda Függetlenségi park bedient), Tel. 2256000, www.hagyomanyokhaza. hu. Das in der ehemaligen Budaer Redoute ansässige Haus der Traditionen bietet anspruchsvolle authentische Folklorekonzerte und Tanzvorstellungen jenseits des sattsam bekannten Puszta-Paprika-Piroschka-Kitsches.

31 [D2] **Lustspielhaus**. Eines der führenden Sprechtheater der Stadt, Vorstellungen allerdings ausnahmslos auf Ungarisch.

☑ Der Palast der Künste (s. S. 42) gilt als bester Konzertsaal der Stadt

Budapest am Abend

⟳**123** [B5] **Nationales Tanztheater (Nemzeti Táncszínház)**, I. Színház u. 1–3, Bus 16 Dísz tér, www.nemzetitancszinhaz.hu, Tel. 2014407. Das Tanztheater hat seine Heimstatt im ehemaligen Burgtheater und bietet ein buntes Programm von modernem Ballett über zeitgenössischen Tanz bis hin zu anspruchsvollen Folkloreabenden. Größere Produktionen finden teilweise im Palast der Künste statt.

⟳**124** [ci] **Palast der Künste (Művészetek Palotája)**, IX. Komor Marcell utca 1, HÉV 7 Lágymányosi híd, Straßenbahn 2 und 24 Millenniumi Kulturális Központ, Straßenbahn 1 und Bus 103 Lágymányosi híd pesti hídfő, Tel. 5553001, www.mupa.hu. Sowohl von der Architektur als auch vom Programm her ist der Palast der Künste die führende Budapester Institution in den Bereichen Klassische Musik und Tanz.

⟳**125** [G8] **Trafó**, IX. Liliom u. 41, U-Bahn M3, Straßenbahn 4/6 Corvin-negyed, Tel. 4562040, www.trafo.hu. Ursprünglich zu Beginn der 1990er-Jahre von einer Gruppe französischer Anarchisten gegründet, hat sich das Trafó seit dem Erwerb durch die Stadt Budapest im Jahr 1998 zum bedeutendsten Veranstaltungsort für zeitgenössischen Tanz und Theater entwickelt. Einer der wenigen Orte in der Stadt, wo man neben den wichtigsten ungarischen Künstlern auch die Stars der internationalen Off-Szene sehen kann.

20 [E4] **Ungarische Staatsoper.** Große Oper mit den bedeutendsten ungarischen und internationalen Solisten. Im Ticket inbegriffen: grandiose Architektur des späten 19. Jahrhunderts.

> **EXTRATIPP**
>
> **Konzerte in sakralen Räumen**
> In der **St.-Stephans-Basilika 25** und in der **St.-Michaels-Kirche 11** werden wöchentlich Konzerte angeboten (www.concertsinbudapest.com). Karten sind im Internet und an der Abendkasse erhältlich, Flyer mit dem aktuellen Programm bekommt man an den touristischen Hotspots in die Hand gedrückt. Eine kostenlose Konzertreihe mit einem Schwerpunkt auf Musik von Johann Sebastian Bach findet in der **evangelischen Kirche am Deák Ferenc tér** [E5] statt (http://lutherania.lutheran.hu).

☐ *Ein Tempel für das Musiktheater – die Staatsoper* **20**

016bp Abb.: mt

Budapest für Kunst- und Museumsfreunde

Budapest bietet eine Vielzahl von Museen für alle Interessengebiete, davon einige Sammlungen von internationalem Rang. Besonders interessant dürften für Kunstfreunde auch die Werke ungarischer Künstler aller Epochen sein, die man im Ausland eher selten findet.

🚇**126 Aquincum**, III. Szentendrei út 135, HÉV 5 Aquincum, Tel. 2501650, www. aquincum.hu, geöffnet: Ruinen Di.–Sa. 9–18 Uhr, Ausstellung 10–18 Uhr (15.–30. April sowie im Oktober bis 17 Uhr, 1. November–15. April bis 16 Uhr/Ruinen nicht zugänglich), Eintritt: 1300 Ft (1. November–14. April nur 850 Ft). Knappe 15 S-Bahn-Minuten vom Stadtzentrum entfernt befindet sich an einer seit der Antike genutzten Hauptstraße die Wiege Budapests: die Römerstadt Aquincum. Zu besichtigen sind das ausgedehnte Ruinenfeld, an dem man die Struktur der einstigen Bürgerstadt sehr schön nachvollziehen kann, und ein Museum.

🚇**127 [A4] Felsenkrankenhaus (Sziklakórház)**, I. Lovas út 4/c, Bus 16 Dísz tér, www.sziklakorhaz.hu, Tel. +36 707010101, geöffnet: Di.–So. 10–20 Uhr (letzter Einlass um 19 Uhr), Eintritt: 3600 Ft. Eindrucksvolles unterirdisches Krankenhaus im Höhlensystem des Burghügels, das im Zweiten Weltkrieg und während der Revolution 1956 als Lazarett diente. In den Jahrzehnten des Sozialismus waren die Räumlichkeiten als Bunker für einen möglichen Atomkrieg vorgesehen und wurden entsprechend gepflegt. Die Einrichtung aus den 1940er- und 1950er-Jahren ist hervorragend erhalten. Das Krankenhaus kann nur im Rahmen einer zu jeder vollen Stunde startenden ungarisch- und englischsprachigen Führungen besichtigt werden. Deutschsprachige Führungen auf Anfrage.

❯ **Historisches Museum der Stadt Budapest (Budapesti Történeti Múzeum)**, im Königlichen Palast **8**. Etwas in die Jahre gekommene Ausstellung, die aber mit tollen Exponaten zur Stadtgeschichte glänzt. Besonders sehenswert sind die gotischen Statuen, die 1974 zufällig in einem Keller gefunden wurden.

🚇**128 [ch] Holocaust-Gedenkzentrum (Holokauszt Emlékközpont)**, IX. Páva u. 39, U-Bahn M3, Straßenbahn 4/6 Corvin-negyed, Tel. 4553333, www.hdke. hu, geöffnet: Di.–Sa. 10–18 Uhr, Eintritt: 1400 Ft. In einer umgebauten und um einen unterirdischen Ausstellungstrakt erweiterten ehemaligen Synagoge wird in einer bewegenden, zum großen Teil aus Fotos und Originaldokumenten bestehenden Ausstellung die Ermordung von rund 500.000 ungarischen Juden und

---

EXTRAINFO

Wissenswertes für den Museumsbesuch

Die **Hinweistafeln** sind in der Regel auf Ungarisch und Englisch beschriftet. Größere Museen bieten auch fremdsprachige **Führungen** an. Montags sind die meisten Museen **geschlossen**. Die angegebenen **Preise** gelten für Erwachsene. Für Schüler, Studenten und Rentner gelten zumeist Sonderpreise. Ab 70 Jahren ist der Eintritt in einigen staatlichen Museen frei (nur für EU-Bürger).

Museen, die mit einer magentafarbenen Nummer (**37**) als Hauptsehenswürdigkeit ausgewiesen sind, werden im Kapitel „Budapest entdecken" ausführlich beschrieben. Dort finden sich auch alle praktischen Informationen wie Adresse, Öffnungszeiten usw.

Budapest für Kunst- und Museumsfreunde

Roma während des Zweiten Weltkriegs dokumentiert. Am Beispiel von sechs Familiengeschichten werden die Auswirkungen des zum politischen Programm erhobenen Antisemitismus und Rassismus gezeigt – von der Einschränkung der Bürgerrechte bis zum Genozid.

🏛 **129** [cf] **Kunsthalle (Műcsarnok)**, XIV. Hősök tere (wenn man frontal vor der Statuengruppe steht, zur Rechten), www. mucsarnok.hu, geöffnet: Di.–So. 10–18 Uhr, Do. bis 20 Uhr, Eintritt: 1800 Ft. Der wichtigste Ort für zeitgenössische Kunst aus dem In- und Ausland. Die Kunsthalle kuratiert auch den ungarischen Pavillon auf der Biennale in Venedig.

🔴 **Memento Park**. Außergewöhnliche Freiluftausstellung mit kommunistischen Statuen.

🔴 [G8] **Museum für Angewandte Kunst (Iparművészeti Múzeum)**. Tolles Gebäude im ungarischen Sezessionsstil. In der Ausstellung werden Möbel und Gebrauchsgegenstände von der Gotik bis heute gezeigt.

🏛 **130** [cf] **Museum für Bildende Kunst (Szépművészeti Múzeum)**, XIV. Hősök tere (wenn man frontal vor der Statuengruppe steht, zur Linken), geöffnet: Di.–So. 10–17.30 Uhr, am zweiten Donnerstag jedes Monats bis 21 Uhr, Eintritt: 1800 Ft (nur für die Sammlung, für Sonderausstellungen gelten Sonderpreise), www.szepmuveszeti.hu. Bedeutendste Kunstsammlung Ungarns mit Werken der größten internationalen Künstler von Dürer bis Picasso.

🏛 **131** [ci] **Museum Ludwig (Ludwig Múzeum)**, IX. Komor Marcell u. 1 (im Palast der Künste), HÉV 7 Lágymányosi híd, Straßenbahn 2 und 24 Millenniumi Kulturális Központ, Straßenbahn 1 und Bus 103 Lágymányosi híd pesti hídfő, Tel. 5553444, www.lumu.hu, geöffnet: Di.–So. 10–20 Uhr, Eintritt: 1200–1800 Ft, für Inhaber einer Konzertkarte des Palasts der Künste 600–900 Ft. Vom Kölner Kunstsammler-Ehepaar Irene und Peter Ludwig gestiftetes Museum, das beständig gewachsen ist und neben

Budapest für Kunst- und Museumsfreunde

Sparen mit der Budapest Card
Wer viele Museumsbesichtigungen und Ähnliches vorhat, kann mit der Budapest Card unter Umständen **bares Geld sparen.** Die Karte wird derzeit für einen Zeitraum von 24, 48 oder 72 Stunden angeboten (Preis: 3900, 9900 bzw. 7900 Ft). Sie beinhaltet **freie Fahrt mit öffentlichen Verkehrsmitteln** (außer Standseilbahn und Sessellift), zwei geführte **Stadtspaziergänge** in englischer Sprache, freien Eintritt in den Zoo und eine kostenlose App fürs Smartphone. Bei der 48-Stunden-Card sind außerdem ein Ticket für eine Hop-On-Hop-Off-Stadtrundfahrt und eine Schifffahrt dabei (deswegen kostet sie mehr als die 72-Stunden-Variante). Darüber hinaus erhalten Karteninhaber 10 bis 50 % **Ermäßigung** in rund 50 Museen, Lokalen und anderen Einrichtungen. Pro erwachsenem Karteninhaber kann zusätzlich ein Kind bis zu 6 Jahren die Ermäßigungen in Anspruch nehmen. In Restaurants gilt die Ermäßigung für den ganzen Tisch. Wo die Budapest Card überall gilt, steht im Begleitheft zur Karte.

Erhältlich ist die Karte an den BKV-Fahrkartenschaltern, an Hotelrezeptionen, in den Wechselstuben der Firma Exclusive Change, in größeren CBA-Supermärkten und an den Info-Punkten des Budapester Tourismusamtes (s. S. 103).

◁ *Beeindruckend – das Denkmal für die Opfer der Shoa im Hof der Großen Synagoge* **16**

▷ *Das Museum für Angewandte Kunst* **34** *lockt mit einer interessanten Sammlung und einem spektakulären Gebäude*

Werken der internationalen Moderne und Postmoderne spannende Sonderausstellungen mit Werken zeitgenössischer Künstler zeigt. Seit 2005 ist das zuvor in einem Seitenflügel des Königlichen Palastes in der Budaer Burg untergebrachte Museum in eigens erbauten Räumen im Palast der Künste ansässig.

🏛**132** [de] **Park für Eisenbahngeschichte (Vasúttörténeti Park),** XIV. Tatai út 95, Regionalzug vom Westbahnhof in Richtung Esztergom (Haltepunkt Vasútmúzeum, Abfahrten nur 1. April–31. Oktober Di.–So. um 10.20, 11.20 und 13.20 Uhr, Rückfahrt um 16.28 Uhr), Bus 30/30A Rokolya utca (vom Ostbahnhof, Fahrzeit ca. 20 Minuten), Tel. 4501497, www.mavnosztalgia.hu, geöffnet: Di.–So. 10–18 Uhr (Mitte März–Ende März und Anfang November–Anfang Dezember bis 15 Uhr, Dezember–März geschlossen), Eintritt: 1200 Ft (Kinder von 4–18 Jahren 500 Ft), Familienkarte für 2 Kinder und 2 Erwachsene 2500 Ft,

018bp Abb.: mt

Budapest für Kunst- und Museumsfreunde

Sonderpreise für Extrafahrten und Veranstaltungen. Spektakulärer, 70.000 m² großer Park in einem ehemaligen Lokschuppen mit zahlreichen historischen Schienenfahrzeugen. In der Sommersaison können Kinder eine Runde mit den Dampf- und Dieselloks drehen.

❯ **Ungarische Nationalgalerie (Magyar Nemzeti Galéria),** im Königlichen Palast **❽** . Die Nationalgalerie bietet einen umfassenden Überblick über die Kunstgeschichte Ungarns von gotischen Flügelaltären über barocke Kunst bis zur Malerei des 19. und 20. Jh. Hier kann der Kunstfreund ihm vielleicht noch unbekannte, aber nicht minder spannende ungarische Künstler entdecken.

🏛**133** [be] **Vasarely-Museum,** III. Szentlélek tér 6, HÉV 5, Straßenbahn 1 Szentlélek tér, Tel. 3887551, www.vasarely.hu, geöffnet: Di.–So. 10–17.30 Uhr, Eintritt: 800 Ft. Ein lohnenswerter Ausflug auf den lauschigen Hauptplatz des ehemals unabhängigen und seit 1872 mit Buda und Pest vereinigten Städtchens Óbuda.

In der früheren Residenz der Adelsfamilie Zichy wird eine umfassende Werkschau des beliebten Op-Art-Künstlers Victor Vasarely gezeigt, der 1906 als Győző Vásárhelyi im südungarischen Pécs geboren wurde.

🏛**134** [df] **Verkehrsmuseum (Közlekedési Múzeum),** XIV. Városligeti krt. 11 (im Stadtwäldchen), Obus 70 Hermina út, Obus 72 und 74 Erzsébet királyné útja, Tel. 2733840, geöffnet: Di.–Fr. 10–16 Uhr, Sa.–So. 10–17 Uhr, Eintritt: 1200 Ft, für EU-Bürger von 6–26 und 62–70 Jahren 600 Ft, ab 70 Jahren frei. Die Geschichte der technischen Fortbewegungsmittel, mit zahlreichen Originalexponaten aus den Bereichen Automobil, Schifffahrt, Eisenbahn und Stadtverkehr. Leider etwas verstaubt, aber für Technikfreaks dennoch sehenswert.

▽ *Blick auf den Königlichen Palast* **❽***, der u. a. die Nationalgalerie beherbergt*

019bp Abb.: mt

Budapest zum Träumen und Entspannen

Budapest ist oft laut, hektisch, staubig und heiß, dennoch gibt es einige Winkel, die sich perfekt für eine kleine Ruhepause oder einige beschauliche Stunden eignen.

Bei warmem Wetter sind die großen Parks gute Orte zum Entspannen. Werktags ist die **Margaretheninsel** [C1] eine wahre Oase der Ruhe, zumindest bis etwa 18 Uhr, wenn die Jogger die Insel in Beschlag nehmen. Im mittleren Teil der Insel locken weitläufige Liegewiesen und schattige, alte Bäume. Wer ein wenig steilen Aufstieg nicht scheut, wird auch auf der **Westseite des Gellért-Bergs** (s. S. 77) fündig. Während sich die Touristen auf der Donauseite und um die Zitadelle herum ballen, verlaufen sich auf der „Rückseite" des Berges lediglich ein paar Rentner und Hundebesitzer. Ansonsten laden hier Liegewiesen und wunderbare Blumenbee-te zum Verweilen ein. Etwas schwieriger kann sich die Suche nach einem lauschigen Plätzchen im **Stadtwäldchen** [c/df] gestalten. Die Devise ist: Je weiter weg vom Heldenplatz, desto ruhiger. Wenn man es dann noch schafft, ein Fleckchen ohne Hunde und Fußballspieler zu finden, steht dem Sonnenbad oder dem Nickerchen auf einer mitgebrachten Decke nichts mehr im Wege.

Kaum zu glauben, aber auch im touristischen Zentrum der Stadt, dem Burgviertel, lassen sich lauschige Plätzchen finden. Wer auf der Besichtigungstour dem Trubel entfliehen möchte, sollte sich auf die Allee **Tóth Árpád sétány** auf der „Rückseite" des Burghügels begeben. Hier sitzen die Einheimischen auf den Bänken unter den alten Kastanienbäumen, spielen mit ihren Kindern oder führen ihre Hunde Gassi. Man glaubt kaum, dass

Budapest zum Träumen und Entspannen

020bp Abb.: mt

man soeben noch mit Hunderten anderer Touristen bei der Matthiaskirche ❷ gestanden hat.

Ein weiterer Ort der Ruhe befindet sich ganz am Südende des Burghügels, hinter dem **Königlichen Palast** ❽. Hier wurde nach dem Zweiten Weltkrieg ein zerstörter Teil des Palastes nicht wieder aufgebaut, da man **Überreste der mittelalterlichen Burg** gefunden hatte. Stattdessen wurden einige Mauern und zwei Wachtürme wiederhergestellt und das Gelände drumherum begrünt. In der Regel verirrt sich in diesen Teil des Burgviertels kaum ein Mensch. Der Zugang erfolgt durch den Eingangsbereich des Historischen Museums der Stadt Budapest (s. S. 68, keine Eintrittskarte erforderlich) oder auf den Spazierwegen von unten.

Nicht zuletzt kann man sogar auf der **Fischerbastei** ❸ die Stadt ganz für sich genießen – man muss nur früh genug kommen. Ein Blick von der Bastei hinunter auf die in den frühen Morgenstunden langsam erwachende Stadt ist eine der schönsten Momentaufnahmen in Budapest. Ebenfalls in Buda befindet sich der nördlichste Wallfahrtsort des Islam. Auf Pilgerströme wie in Mekka muss man sich dennoch nicht gefasst machen: Die **Türbe des Gül Baba** ist ein Ort der Spiritualität und der Stille. Gül Baba war ein Derwisch und Dichter aus dem Osmanischen Reich, der 1541 kurz nach der Einnahme Budas durch die Heere des Sultans starb. Der Pascha von Buda ließ einige Jahre später das achteckige **Mausoleum** zum Gedenken an den populären Geistlichen errichten. Der kleine Park um das Gebäude lädt zum Verweilen ein. Zu unregelmäßigen Zeiten kann die Türbe auch von innen besichtigt werden, nebenan ist ein Café. Für den Rückweg bietet sich der Abstieg über die **Gül Baba utca** an, die – in diesem Stadtteil völlig überraschend – mit ihren engen, bunten Häusern und ihrem buckligen Kopfsteinpflaster ein geradezu mediterranes Flair ausstrahlt.

★**135** [B1] **Türbe des Gül Baba**, zu Fuß von der Margarethenbrücke aus über die Margit utca und die Mecset utca erreichbar

△ *Oase inmitten der Stadt: der Japanische Garten auf der Margaretheninsel [C1]*

▷ *Das Gellért ist eines der bekanntesten Thermalbäder der Welt*

Auf der **Pester Seite** sind die Rückzugsmöglichkeiten rarer gesät. Eine richtige kleine Oase in der wuseligen Innenstadt ist der **Károlyi-Garten.** Der ehemalige Park des Károlyi-Palais (an der Frontseite des Parks an der Károlyi utca) ist der älteste bestehende Garten der Stadt. Ein idealer Ort, um bei schönem Wetter eine Pause mit einer Zeitung oder einem guten Buch zu machen. Im Károlyi-Palais ist heute das Petőfi-Literaturmuseum untergebracht.

Das Medium der Entspannung schlechthin ist in Budapest das Wasser. Wer dem Großstadtlärm entfliehen will, kann beispielsweise eine **Schifffahrt auf der Donau** unternehmen (s. S. 114). Auf diese Weise gewinnt man für eine Stunde etwas Distanz und sieht ganz nebenbei noch die schönsten Sehenswürdigkeiten aus einer anderen Perspektive. Und wer sich ganz der beruhigenden Wirkung des nassen Elements hingeben möchte, ist in einem der berühmten **Thermalbäder** richtig.

● **136** [E6] **Károlyi-Garten,** im V. Bezirk zwischen Magyar utca, Ferenczy István utca und Henszlmann Imre utca gelegen

Thermalbäder in Budapest

Budapest ist die einzige Großstadt der Welt, die offiziell **als Kurort anerkannt** ist. Die historischen Thermalbäder der Stadt sind weltberühmt, und wer die Gelegenheit hat, sollte sich einen Besuch nicht entgehen lassen. Jedes Bad hat seinen ganz eigenen Charakter und „sein" Publikum. Die Bäder bieten allesamt warmes Wasser mit verschiedenen Temperaturen, Ruheräume, Saunas sowie verschiedene Extras wie Massagen und Wannenbäder. Ganz wichtig: In Ungarn geht man **in Badekleidung in die Sauna!**

Für alle hier aufgeführten Bäder (mit Ausnahme des Veli-Bej-Bades) sind unter www.budapestgyogyfurdoi.hu Informationen zu finden.

★**137** [D8] **Gellért,** XI. Kelenhegyi út 4 (im Hotel Gellért, Eingang von der rechten Seite), Straßenbahn 19/41 und 47/49, Bus 7, 86 und 173 Szent Gellért tér, geöffnet: Mo.–So. 6–20 Uhr, Eintritt: Mo.–Fr. 4400 Ft (17–20 Uhr nur 3200 Ft), Sa.–So. 4600 Ft (17–20 Uhr nur 4300 Ft). Das Gellért ist ein herrliches Jugendstilbad mit original erhaltenem Interieur. Unter der Woche sind die Warmwasserbereiche traditionell nach Geschlechtern getrennt, es gibt jedoch auch ein gemeinsames Schwimmbecken. Samstags und sonntags baden Männer und Frauen generell gemeinsam. Im Sommer ist das Gellért mit seinem Freibadbereich auch für Kinder interessant.

Budapest zum Träumen und Entspannen

★**138** [B2] **Király,** I. Fő u. 84, Bus 86, 160 und 260 Bem József tér, geöffnet: Mo.–So. 9–21 Uhr, Eintritt: 2300 Ft. Kleines türkisches Bad mit intimer Stimmung. Zentrum des Bades ist das achteckige Becken unter der Kuppel mit seinem 36 Grad warmen Wasser. Eintritt erst ab 14 Jahren.

★**139** [D7] **Rudas,** I. Döbrentei tér 9 (auf der Budaer Seite der Elisabethbrücke), Bus 7, 86 und 173 Rudas gyógyfürdő, geöffnet: Mo.–So. 6–20 Uhr, Fr.–Sa. zusätzlich 22–4 Uhr, Eintritt: Mo.–Fr. 2900 Ft (9–12 Uhr 2200 Ft), Sa.–So. 3200 Ft, Fr.–Sa. nachts 3600 Ft. Behutsam renoviertes türkisches Bad aus dem 16. Jahrhundert. Man badet in dem original erhaltenen achteckigen Becken unter der Kuppel. Unter der Woche ist das Bad tageweise nach Geschlechtern getrennt: Montags, mittwochs, donnerstags und freitags ist Männer-, dienstags Frauentag. Am Wochenende badet man gemeinsam, unter jungen Leuten sind die Nachtöffnungszeiten an Freitagen und Samstagen besonders beliebt.

★**140** [cf] **Széchenyi,** XIV. Állatkerti krt. 9–11, U-Bahn M1 Széchenyi fürdő, geöffnet: 6–22 Uhr (die meisten Warmwasserbecken nur bis 19 Uhr), Eintritt: Mo.–Fr. 3400 (mit Schließfach) oder 3800 Ft (mit privater Kabine), Sa.–So. 3550 (mit Schließfach) oder 3950 Ft (mit privater Kabine). Das größte Thermalbad der Stadt bietet zahlreiche Becken mit verschiedenen Wassertemperaturen, einen tollen Außenbereich mit Kaltwasserschwimmbecken und warmem Wasser (besonders schön im Winter!), eine Sauna, ein Dampfbad und und und … Beeindruckende klassizistische Architektur inklusive.

★**141** [bf] **Veli Bej,** II. Árpád fejedelem útja 7, Bus 86, 109, 160, 206 und 260 Császár-Komjádi uszoda, www.velibej furdo.hu, geöffnet: Mo.–So. 6–12 und 15–21 Uhr, Eintritt: 2000 Ft. Neuzugang unter den Budapester Bädern. Das jahrhundertealte türkische Bad war lange Zeit nur für die Patienten des drumherum gebauten Krankenhauses zugänglich. 2011 wurde es aufwendig renoviert. Neben dem herrlich warmen Wasser gibt es verschiedene Saunas und ein Café. In dem Korridor um die Kuppelhalle herum sind bei den Renovierungsarbeiten freigelegte Reste einer Wasserleitung aus dem 16. Jahrhundert zu sehen.

Am Puls der Stadt

022bp Abb.: gk

Das Antlitz Budapests

Das wohlproportioniert beidseits der Donau liegende Budapest bietet eines der schönsten Stadtbilder Mitteleuropas. Das im späten 19. Jahrhundert errichtete Stadtzentrum ist in weiten Teilen erhalten und lässt den Besucher in diese für Ungarn und Europa so bedeutende Epoche eintauchen.

Auf der einen Seite liegt das hügelige **Buda** mit seinen alten Barockhäuschen, den Villen alter und neuer Reicher und seinen stillen Winkeln, gegenüber das quirlige **Pest**, das so richtig Großstadtatmosphäre verströmt, und dazwischen wälzt sich das silbergrüne, rund 500 Meter breite Band der Donau majestätisch durchs Zentrum. Obwohl die Gegend schon seit der Steinzeit besiedelt ist, wurde Budapest erst im 19. Jahrhundert „geboren": 1872 wurden die zuvor unabhängigen Städte Pest, Buda und Óbuda zu Budapest vereinigt.

Die Stadt in Zahlen

> **Erste urkundliche Erwähnung:**
> Buda: 1243, Pest: 1148, Óbuda: 89 n. Chr., Gründung Budapests: 1872
> **Einwohner:** 1,7 Millionen
> **Fläche:** 525 km²
> **Bevölkerungsdichte:** 3238 Einwohner/km²
> **Höhe ü. M.:** 102–527 m
> **Stadtbezirke:** 23

Formal ist die Stadt, die ihre heutige Größe durch die Eingemeindung mehrerer umliegender Siedlungen im Jahr 1950 erhielt, in **23 Stadtbezirke** aufgeteilt. Sechs davon befinden sich auf der Budaer Seite, der Rest in Pest. Auch die **Einwohner** verteilen sich ähnlich: Rund ein Drittel der Budapester wohnt in Buda, zwei Drittel haben sich gegenüber angesiedelt. Pest war jedoch nicht immer derart im Übergewicht. Lange Jahrhunderte wurden die Geschicke Ungarns von Buda aus gelenkt. Die Hauptstadt auf dem Hügel war das politische und kulturelle Zentrum einer europäischen Mittelmacht. Die Stunde Pests schlug Mitte des 19. Jahrhunderts. Im Zuge der **Industrialisierung** wuchs die Wirtschaftskraft der Stadt exponentiell. Während Pest ein ideales Terrain für die Ansiedlung von Industrie war, konnten in Buda aufgrund seiner **hügeligen Topographie** nur begrenzt Fabriken gebaut werden.

023bp Abb.: gk

◁ *Vorseite: Die Donaubrücken sind Lebensadern der Stadt*

◁ *Trügerisch: Die Sphinx stammt nicht aus der Zeit der alten Ägypter, sondern „nur" aus dem 19. Jh*

024bp Abb.: mt

Die **städtebauliche Explosion** folgte einige Jahrzehnte später. Befeuert von der Errichtung der Kettenbrücke und dem „Ausgleich" zwischen Ungarn und Österreich, der 1867 die k.-u.-k.-Doppelmonarchie entstehen ließ, wurde Pest (und in kleinerem Umfang auch Buda) zu einer veritablen Metropole ausgebaut. Alte Stadtviertel mussten weichen und in wenigen Jahrzehnten entstand eine prächtige, **mondäne Stadt,** die auf die Zeitgenossen wirkte wie heutzutage die verrückten Riesenstädte Arabiens und Asiens auf Besucher aus dem „alten Europa". Aus dieser Zeit stammen die herrlichen **Repräsentativbauten** und Mietshäuser des Stadtzentrums, die mit ihrem fantasievollen, historistischen **Architekturmischmasch** bis heute für die ganz besondere Budapester Atmosphäre sorgen. Seinerzeit bestand eine Verordnung, der zufolge 20 Prozent des Budgets eines Bauvorhabens für die **Dekoration** aufgewendet werden mussten. Dementsprechend blickt eine Unzahl von Putten, antiken Göttern, Blumenranken und sonstigen Zitaten aus 3000 Jahren Architekturgeschichte von Fassaden, Balkonsimsen und Fensterrahmen auf die Straße herab. Extremstes Beispiel ist wohl die **Staatsoper** [20], die tatsächlich von zwei waschecht kopierten Sphinxen bewacht wird! Im Gegensatz dazu folgt die **Straßenführung** einer strikten Geometrie. Breite Ausfallstraßen, dazwischen rechtwinklig angeordnete Gassen, die von insgesamt drei Ringstraßen umrundet werden – das ist die Struktur des Pester Stadtzentrums. So fällt die Orientierung leicht, und aufgrund der nicht allzu großen Entfernungen lässt sich die Innenstadt gut zu Fuß erkunden. Wer doch einmal müde Füße bekommt, wird vom **öffentlichen Nahverkehrssystem** zuverlässig von A nach B gebracht.

⌂ *Blick von Buda nach Pest*

Von den Anfängen bis zur Gegenwart

Die Entwicklung Budapests hängt eng mit der günstigen Lage der Stadt an der Donau zusammen. Die blühende, aber provinzielle Handels- und Hafenstadt wurde im 19. Jahrhundert im Zuge wirtschaftlicher und politischer Veränderungen innerhalb weniger Jahrzehnte zu einer Weltmetropole ausgebaut.

10.000–8.000 v. Chr.: Aus dieser Zeit stammen die frühesten Überreste menschlicher Besiedlung in den Höhlen der Budaer Berge.

4.–3. Jahrhundert v. Chr.: Der keltische Stamm der Eravisker siedelt sich auf dem Gellért-Berg an.

ca. 89 n. Chr.: Das rechte Donauufer wird von den Römern erobert. Sie gründen auf dem Gebiet des heutigen Óbuda die Stadt Aquincum. Sie hat zeitweise bis zu 50.000 Einwohner und ist Hauptstadt der Provinz Pannonia inferior.

409: Im Zuge des Zerfalls des Römischen Reiches wird Aquincum aufgegeben.

ca. 900: Die Magyaren erobern das Karpatenbecken.

1000: Stephan, Sohn des magyarischen Stammesführers Géza, wird zum ersten christlichen König Ungarns gekrönt und gründet das Königreich Ungarn als „richtigen" Staat. Er führt das Christentum teilweise mit Gewalt ein und schafft einen effizienten, modernen Staat. Seine Frau Gisela stammt aus Bayern. 1083, einige Jahrzehnte nach seinem Tod, wird Stephan heiliggesprochen.

1241: Nach dem Mongolensturm siedelt König Béla IV. Bürger auf dem Budaer Burghügel an und beginnt mit der Errichtung einer Festung.

1255: Buda erhält das Stadtrecht und entwickelt sich zu einem wichtigen Wirtschaftsstandort.

1387–1437: Der ungarische König Sigismund von Luxemburg entscheidet sich endgültig für Buda als Hauptstadt. 1389 stiftet er in Óbuda eine Universität. Parallel wird Pest zur bedeutenden Handelsstadt.

1458–1490: Unter König Matthias Corvinus wird Buda zu einem der Zentren der Renaissance in Mitteleuropa.

1541: Die Armee des Osmanischen Reiches nimmt Buda ein.

1686: Rückeroberung Budas. Die österreichischen Habsburger kommen in Ungarn endgültig an die Macht. Die Bevölkerungsverluste durch die Kriege in der osmanischen Zeit werden durch Einwanderer aus dem deutschsprachigen Raum ausgeglichen.

1838: Am 13. März vernichtet ein vereistes Hochwasser über die Hälfte der Gebäude in Pest und fordert zahlreiche Todesopfer. Durch die Zerstörungen wird aber auch Platz frei für die Stadtentwicklung.

025bp Abb.: gk

1846: Die Kettenbrücke und die erste Bahnlinie des Landes zwischen Pest und Vác werden eröffnet.

1848: Am 15. März bricht die Revolution gegen das Habsburgerregime aus. Die Pester Revolutionäre fordern die Einrichtung einer eigenen Regierung für Ungarn, die Pressefreiheit und die Befreiung der politischen Gefangenen, was zunächst gewährt wird. Als die Österreicher die errungenen Freiheitsrechte wieder beschränken wollen, bricht der bewaffnete Widerstand aus.

Von den Anfängen bis zur Gegenwart

1849: Die Regierung verlässt im Zuge der Kämpfe Buda und Pest. Die Revolutionsarmee gewinnt zunächst die Oberhand, muss sich aber im Herbst der Übermacht der von Wien zu Hilfe gerufenen russischen Heere beugen.

1867: „Ausgleich" zwischen Österreich und Ungarn. Die k.-u.-k. Doppelmonarchie wird gegründet, Ungarn erhält in zahlreichen Gebieten weitreichende Autonomiebefugnisse. Dies ist der politische Startschuss für den Ausbau von Buda und Pest zur Weltstadt.

1872: Pest, Buda und Óbuda werden zur neuen Hauptstadt Budapest vereinigt. Die Einwohnerzahl beträgt zu diesem Zeitpunkt 300.000 und wird sich in den folgenden 30 Jahren mehr als verdoppeln. In dieser Zeit wird die Stadt praktisch komplett neu „aus dem Boden gestampft". Die Infrastruktur wird massiv ausgebaut.

1896: Zur 1000-Jahr-Feier der ungarischen Landnahme entstehen zahlreiche Repräsentativbauten.

1919: Nach gescheiterten Versuchen einer Demokratie und einer Räterepublik gelangt Admiral Miklós Horthy an die Macht. Er proklamiert sich mangels König (die Habsburger hatten bereits ein Jahr zuvor auf den Thron verzichtet) zum Reichsverweser und installiert ein reaktionäres politisches System.

1920: Ungarn verliert gemäß des Friedensvertrags von Trianon nach dem Ersten Weltkrieg ein Drittel seines Staatsgebiets und zwei Drittel der ethnisch ungarischen Bevölkerung. Budapest wird von Flüchtlingen aus den abgetrennten Gebieten regelrecht überschwemmt.

027bp Abb.: gk

1941: Ungarn tritt an der Seite des Deutschen Reiches in den Zweiten Weltkrieg ein. Zuvor hatte das Land einige der 1920 verlorenen Gebiete durch Vermittlung Hitlers zurückerhalten.

1944: Am 19. März besetzt das Deutsche Reich seinen Verbündeten Ungarn. Am 15. Oktober versucht Miklós Horthy, einen Separatfrieden mit den Alliierten auszuhandeln. Er scheitert und wird von den Deutschen abgesetzt. Die hungarofaschistische Pfeilkreuzler-Partei kommt an die Macht. Die jüdische Bevölkerung wird in Ghettos gesperrt. Obwohl viele ermordet werden, kann zumindest in Budapest die massenhafte Deportation verhindert werden.

1945: Hitler erklärt Budapest zur „Festung", die nicht aufgegeben werden darf. In den schweren Gefechten werden große Teile der Stadt zerstört. Am 11. Februar versuchen die 30.000 im Burgviertel eingekesselten deutschen und ungarischen Soldaten auszubrechen. In den Budaer Bergen werden die meisten von ihnen von der Roten Armee getötet. Insgesamt sterben in der Schlacht um Budapest rund 150.000 Menschen.

◁ *Zahlreiche Schilder erinnern an das Hochwasser 1838*

▷ *Die Freiheitsstatue auf dem Gellért-Berg steht für das Kriegsende 1945*

Von den Anfängen bis zur Gegenwart

1947: Nach einer kurzen Phase des demokratischen Wiederaufbaus gelangen die Kommunisten durch Wahlfälschung an die Macht. Deportationen, Schauprozesse und Gewaltdelikte gegen politische Gegner und „Klassenfeinde" sind die Folge.

1956: Am 23. Oktober entwickeln sich aus einer Studentendemonstration Massenproteste gegen das Regime. Der bewaffnete Widerstand wird ausgerufen, Teile der Armee stellen sich auf die Seite der Revolutionäre. Am 30. Oktober bildet der kommunistische Ministerpräsident Imre Nagy eine Mehrparteienregierung und erklärt in der Folge den Austritt Ungarns aus dem Warschauer Pakt. Am 4. November wird die Revolution von sowjetischen Panzereinheiten blutig niedergeschlagen.

Ab 1968: Staats- und Parteichef János Kádár versucht, das Land zu stabilisieren, indem er das schweigende Wohlwollen der Bürger mit einem bescheidenen, aus ausländischen Staatskrediten finanzierten Wohlstand erkauft.

1988: Es bilden sich immer mehr oppositionelle Zirkel und Parteien. Seit dem 1. Januar können die Bürger ohne größere Hürden einen weltweit gültigen Reisepass erhalten.

1989: Ungarn öffnet seine Grenzen in Richtung Österreich. Am 23. Oktober wird nach langen Verhandlungen zwischen dem Regime und den Oppositionsparteien die Republik ausgerufen.

1990: Die ersten freien Wahlen seit 1947 bringen einen Erdrutschsieg der demokratischen Opposition.

2004: Ungarn tritt der Europäischen Union bei.

2010: Als Resultat der Parlamentswahlen wird Viktor Orbán, der das Amt bereits zwischen 1998 und 2002 innehatte, zum Ministerpräsidenten gewählt. Da Orbán mit einer komfortablen Zwei-Drittel-Mehrheit regieren kann, leitet er tiefgreifende Änderungen in Politik, Wirtschaft und Gesellschaft ein und lässt 2011 eine neue Verfassung verabschieden.

027bp Abb.: mt

Leben in der Stadt

Die Budapester sind ein besonderer Menschenschlag. Mit einer Mischung aus bissiger Ironie, stoischem Gleichmut und unverwüstlichem Improvisationstalent meistern sie ihren Alltag, und mit genau dieser Haltung haben sie ihre Stadt nach den Zerstörungen der Geschichte immer wieder aufgebaut und lebenswert gemacht.

Dass Budapest in jeglicher Hinsicht das uneingeschränkte Zentrum Ungarns ist, zeigt sich schon im Sprachgebrauch. Im Ungarischen fährt man nicht „nach", sondern „auf" Budapest (oder kurz: „hinauf"), und wer die Hauptstadt verlässt, fährt „hinunter". Das zurrt die Hierarchien unmissverständlich fest, und tatsächlich sprechen die Zahlen eine deutliche Sprache: Ein **Fünftel der Ungarn** lebt in der Hauptstadt, und 40 Prozent der **Wirtschaftsleistung** des Landes entstehen hier. Die **staatlichen Institutionen** befinden sich ausnahmslos in Budapest, rund zwanzig **Theater**, mehrere Dutzend **Museen** und über zehn **Universitäten** und **Fachhochschulen** komplettieren das Bild. Es ist also wenig überraschend, dass sich die Budapester gern selbstbewusst und weltgewandt geben – von Bewohnern anderer Landesteile wird dies hin und wieder als überheblich oder arrogant beschrieben.

In Wirklichkeit ist das jedoch nichts anderes als eine Überlebensstrategie. Jahrhundertelang war die Stadt ein **Schmelztiegel** verschiedenster Kulturen. Deutsche, Slowaken, Juden, Serben, Griechen und ja, auch ein paar Ungarn (die aber bis zur Wende zum 20. Jahrhundert in der Minderheit waren), mussten ein dickes Fell und große Flexibilität an den Tag legen, um mit ihren Mitbür-gern gut auszukommen. Diese **Flexibilität** ist bis heute charakteristisch für die Budapester. Es gibt kein Problem, das nicht irgendwie gelöst werden, keinen Termin, der nicht kurz vorher anberaumt oder abgesagt werden kann. Klar, dass diese Herangehensweise zuweilen auch in Schlitzohrigkeit übergehen kann. Gerade als Tourist muss man hin und wieder aufpassen, dass man nicht übervorteilt wird. Budapest ist eine Stadt, in der man hellwach sein und seine Interessen klar vertreten muss.

Auf der anderen Seite lässt es sich in Budapest **hervorragend leben.** Gäste und Einheimische schätzen die reichhaltige Kultur, die vielen Freizeitmöglichkeiten und das tolle gastronomische Angebot. Die traditionsreiche Kaffeehauskultur wiederum bietet den idealen Rahmen für den erholsamen Müßiggang. Hier wundert sich keiner darüber, wenn jemand einen ganzen Tag lang in Gesellschaft einer einzigen Tasse Espresso in einem Café sitzt und liest – es könnte ja ein Intellektueller bei der Arbeit sein, so wie früher, als die Dichter und Journalisten ihre Stammlokale als Büro nutzten. Und wenn man sich dann nach einem ereignisreichen Tag im warmen Wasser eines **Thermalbades** entspannt, ist man schon mittendrin angekommen im Budapester Lebensgefühl, das einem neben der vielen Betriebsamkeit auch die Freiheit lässt, all' die fürchterlich wichtigen Dinge erst morgen zu erledigen …

◁ *Die große Landesausstellung fand ab Mai 1896 u. a. auf dem damals neu angelegten Heldenplatz* **22** *statt*

Auf der Suche nach der Zukunft

In den ersten Jahrzehnten des 21. Jahrhunderts sucht Budapest stärker denn je seinen Weg. Mangels tauglicher Konzepte für die Zukunft bleibt oftmals nur der Blick zurück.

Die in den vergangenen Jahren in ganz Europa ritualartig beschworene „Krise" hat die Ungarn im Gegensatz zu den meisten Menschen in den westeuropäischen Ländern ganz konkret in ihrem Alltag getroffen. Der Durchschnittsnettolohn betrug im Jahr 2011 rund 450 Euro, bei einer exorbitanten Steuerbelastung und inzwischen weitgehend westeuropäischem Preisniveau. Viele Menschen haben Zweit- und Drittjobs, um über die Runden zu kommen, und sie sehen, dass sie den 1989 versprochenen westlichen Lebensstandard nie erreichen werden. Die Aufbruchstimmung der Wendezeit ist endgültig dahin, die Träume zerstört.

In dieser **prekären Lage** schimmert – wenig überraschend – die Vergangenheit goldglänzend am Horizont, besonders in Budapest, wo man den Errungenschaften des 19. Jahrhunderts auf Schritt und Tritt begegnet: Das damals geschaffene Stadtbild ist bis heute eines der schönsten Europas, die Gebäude jener Zeit haben dem gesamten 20. Jahrhundert getrotzt und sogar die Unterpflasterbahn von 1896 funktioniert zuverlässiger als manche der maroden Stadtbusse. Budapest sucht seinen Weg ins 21. Jahrhundert, kommt aber immer wieder im 19. an.

Dieser Geist wird von der seit 2010 amtierenden Regierung mit großem taktischem Geschick politisch befeuert. Symptomatisch ist der Fall des **Kossuth Lajos tér:** Der große Platz vor dem Parlament ㉙ soll wieder in den Vorkriegszustand versetzt werden. Was das ästhetisch und praktisch bringen soll und warum man den Platz nicht lieber in zeitgemäßer Form renoviert (wie dies am Március 15. tér bei der Elisabethbrücke ganz toll gelungen ist), wurde gar nicht erst diskutiert.

Dabei stünden ganz andere Probleme auf der Tagesordnung. Budapest ächzt für jeden merklich unter der **Bürde der Stadtstruktur**, die eben auch den Bedürfnissen des 19. Jahrhunderts entspricht. Die engen Ringstraßen können den Autoverkehr nicht mehr bewältigen, die Fantasie der Verkehrsplaner reicht aber lediglich für eine weitgehend sinnlose vierte U-Bahn-Linie entlang bereits bestehender Verkehrsverbindungen. Auch die **Energiefrage** ist ungelöst: Die zersplitterte Eigentümerstruktur der innerstädtischen Wohnhäuser, die sich in bröckelnden Fassaden und Treppenhäusern manifestiert, macht eine energiesparende Sanierung unmöglich. Das zentralisierte Stromerzeugungsnetz Ungarns, in dem rund 40 Prozent des gesamten Strombedarfs von einem einzigen, altersschwachen Kernkraftwerk gedeckt werden, macht die Sache nicht besser. Hinter dieser Situation steckt eine tiefe Verunsicherung, die möglicherweise viele Städte und Länder Europas befallen hat. In Budapest, einer Stadt, die sich ihre Geschichte(n) stärker bewahrt hat als andere, wird dies besonders transparent. Gerade das macht einen Besuch hier so spannend.

Budapest entdecken

058bp Abb.: mt

Burgviertel (Budai vár)

Das Burgviertel ist der älteste erhaltene Stadtteil von Budapest und das touristische Zentrum der Stadt. Als Keimzelle des ehemals selbstständigen Buda thront „die Burg", wie die Budapester sagen, auf einem 60 Meter hohen Hügel hoch über der Donau.

Die Karriere des Burghügels begann 1243. Nachdem das mongolische Heer von Batu Khan zwei Jahre zuvor Ungarn verwüstet hatte, ließ der damalige ungarische **König Béla IV.** aus Sorge vor einem neuerlichen Angriff der Mongolen eine Kette von Steinfestungen entlang der Donau bauen. Eine davon war **Buda.** Um diese erste Burg herum entwickelte sich eine Siedlung, die bald zu einer der bedeutendsten Städte des Landes wurde. Einen nicht unerheblichen Anteil daran hatten deutsche Siedler, die der König ins Land geholt hatte. Bis weit ins 19. Jahrhundert hinein war Buda vornehmlich deutschsprachig.

Unter **König Sigismund von Luxemburg** (1387–1437) wurde Buda zu Beginn des 15. Jahrhunderts endgültig die offizielle Hauptstadt Ungarns. Sigismund war auf dem Höhepunkt seiner Karriere in Personalunion König von Ungarn, römisch-deutscher Kaiser und König von Böhmen, und damit der mächtigste Herrscher seiner Zeit. Entsprechend ließ er seinen bevorzugten Aufenthaltsort Buda in großem Stil ausbauen, was durch seinen Nachfolger **Matthias Corvinus** (1450–1490) fortgesetzt wurde. In dieser Zeit entstanden die Matthiaskirche ❷ und ein prächtiger Palast im gotischen Stil, der nicht mehr erhalten ist. Buda war damals eines der kulturellen Zentren Europas.

In den späteren Jahrhunderten war Buda als Hauptstadt einer europäischen Mittelmacht ein häufiges Ziel von Angriffen. 1541 wurde die Stadt von der Armee des **Osmanischen Reichs** erobert und blieb für 145 Jahre unter dessen Herrschaft. Im Zuge der Rückeroberung 1686 kamen die **österreichischen Habsburger** an die Macht und blieben es bis 1918. Im Königlichen Palast ❽ residierte der Statthalter (Palatin) des Kaisers.

1872 wurde Buda mit Óbuda und Pest zum heutigen **Budapest** zusammengelegt. Gegenüber dem quirligen, mondänen Pest verlor das eher beschauliche Buda zunehmend an Bedeutung und ist heute vor allem ein **Wohngebiet.** Das gilt auch für das Burgviertel: Obwohl ein Touristenmagnet, ist das alte Buda kein Freilichtmuseum. Bis heute werden die meisten Häuser bewohnt. Besucher schätzen die für eine Großstadt angenehm ruhige Atmosphäre und das gut erhaltene, einheitlich barocke Straßenbild. Das Burgviertel, insbesondere der Teil zwischen Matthiaskirche und Wiener Tor, ist ein wunderbarer Ort, um einfach spazierenzugehen, kleine Gassen und versteckte Winkel zu erkunden und im Schatten der alten Gemäuer die Seele baumeln zu lassen. Seit 1987 gehört das Burgviertel zum UNESCO-Weltkulturerbe.

EXTRATIPP

Deutschsprachiger Gottesdienst

Im Pfarrhaus links hinter der evangelischen Kirche am Wiener Tor (I. Táncsics Mihály u. 28) feiert jeden Sonntag um 10 Uhr die deutschsprachige evangelische Gemeinde ihren Gottesdienst, zu dem auch Besucher herzlich willkommen sind.

❶ Turm der Maria-Magdalenen-Kirche ★   [A3]

Die Maria-Magdalenen-Kirche wurde im Zuge der Bebauung des Burghügels Mitte des 13. Jh. errichtet und später im **gotischen Stil** erweitert. Ursprünglich war sie die Kirche der ungarischsprachigen Bevölkerung des Burgviertels, während die Matthiaskirche der zahlenmäßig größeren deutschsprachigen Gemeinde vorbehalten war. Nach der Eroberung Budas durch die Osmanen durften die Christen die Kirche behalten, während die Matthiaskirche als Moschee diente. In dieser Periode nutzten die Katholiken den Chor, die kurz zuvor gegründete protestantische Gemeinde das Kirchenschiff. Beim Sturm auf Buda 1686 wurde die Kirche so schwer beschädigt, dass sie nicht mehr zu retten war. Lediglich der **Turm** blieb unversehrt. Die neuen Eigentümer, die Franziskaner, bauten eine neue, barocke Kirche, die im Zweiten Weltkrieg zerstört wurde. Nur der Turm blieb wiederum stehen. Heute ist der einsame Kirchturm ein eindrückliches Mahnmal. Ein nachträglich angebrachtes Fenster im gotischen Stil lässt die einstige Größe der Kirche erahnen. Die stimmungsvolle Országház utca führt von hier aus zur Matthiaskirche ❷.

❯ **Mária Magdolna-templom tornya**, I. Kapisztrán tér 6, Bus 16 Kapisztrán tér (in Richtung Deák Ferenc tér) bzw. Bécsi kapu tér (in Richtung Széll Kálmán tér), ganztägig frei begehbar

◁ *Seite 59: Entspannte Stimmung auf dem Heldenplatz* ㉒

▷ *Die Matthiaskirche ist eines der wenigen gotischen Baudenkmäler Budapests*

070bp Abb.: kw

❷ Matthiaskirche ★★★   [B4]

Die Matthiaskirche ist eines der Wahrzeichen Budapests und der 72 Meter hohe gotische Turm bestimmt die Silhouette des Burgviertels. Zugleich ist die Kirche ein anschauliches Beispiel dafür, wie sich Baudenkmäler im Lauf der Zeit verändern und eine ganz eigene Dynamik entwickeln.

Die erste Kirche an diesem Standort soll bereits im 11. Jahrhundert existiert haben und Experten vermuten sogar einen römischen Tempel auf dem Hügel hoch oben über der Donau. Sicher ist jedoch, dass man im Zuge der Besiedlung des Burghügels ab 1243 eine neue Kirche für die frisch angesiedelte **deutschsprachige Bevölkerung** errichtete. Sie wurde in den folgenden Jahrhunderten immer wieder erweitert, besonders unter den Königen **Sigismund von Luxemburg**, der den Bau im damals modischen, aus den deutschen Ländern importierten spätgotischen Stil umgestalten ließ (man denke an den Kölner Dom oder an Kirchen in Nürnberg), sowie **Matthias Corvinus**, der 1470 den charakteristischen **Südturm** anfügen ließ. Geld hatte er offenbar nur für einen Turm, denn die Kirche ist eigentlich zweitürmig. Beim Blick auf das Hauptportal erkennt man links den eckigen, gedrungenen Nordturm, der kaum höher als das Kirchenschiff ist; er stammt noch aus dem 13. Jahrhundert.

Dennoch waren Matthias Corvinus' Umbauarbeiten so bedeutend, dass die Kirche seither zumindest inoffiziell seinen Namen trägt. Auf dem Papier heißt sie hingegen **Liebfrauenkirche**, wobei praktisch keiner sie unter dieser Bezeichnung kennt.

Nach der Einnahme Budas durch die Osmanen wurde die Kirche zur **Moschee** umfunktioniert. Die Christen mussten in die Maria-Magdalenen-Kirche ❶ ausweichen.

Nach der Rückeroberung Budas geriet Ungarn unter die Herrschaft der Habsburger, die eine intensive **Rekatholisierung** betrieben. Dazu gehörte

die Verbreitung des Barockstils, der als besonders „katholisch" galt. Die Matthiaskirche wurde entsprechend umgebaut und reich verziert.

Im 19. Jahrhundert schließlich besann man sich auf das „Original". Zwischen 1874 und 1896 bemühte sich der Architekt **Frigyes Schulek** um die Wiederherstellung des **ursprünglichen Bauzustands**. Schulek ließ zunächst die barocken Dekorationen entfernen und entkernte den Bau bis auf die Grundmauern. Was er nicht restaurieren oder nachbauen konnte, erfand er einfach neu, so etwa das **Portal** über dem Südeingang, durch den man heute die Kirche betritt. Auf Schulek geht auch das **bunte Dach** mit den zur Jahrhundertwende äußerst modischen Ziegeln aus Zsolnay-Pyrogranit zurück. Und der Architekt zeigte auch Humor: Auf den kleinen Türmen über dem Kirchendach thronen zwei Rabenfiguren mit einem Ring im Schnabel – das Wappentier des Matthias Corvinus.

Insgesamt besteht die Kirche also aus einer **wilden Mischung** aus teilweise erhaltener und teilweise restaurierter Früh- und Spätgotik, verquickt mit imitierter (Neo-)Gotik und dem ganz eigenen Stil eines fantasievollen Architekten. Der Plan, die Kirche wieder in ihren „Originalzustand" zu versetzen, ist also gründlich misslungen. Dafür ist die Budapester Stadtlandschaft um ein absolutes Unikat reicher geworden.

Der Stilmix setzt sich im **Innenraum** fort. Frigyes Schulek schuf auf Grundlage mittelalterlicher Wandmalerei, des zu seiner Zeit aufkeimenden Jugendstils sowie ungarischer Folkloremotive **individuelle Muster**, mit denen er Wände und Säulen bemalen ließ (man beachte beispielsweise die Herzformen auf einigen der Säulen).

Farbenfroh und solide

Ein echter Hingucker im Budapester Stadtbild sind die **bunten Dächer vieler Gebäude**, wie etwa die der Matthiaskirche ❷ oder der Großen Markthalle ⓳. Das keramische Material, mit dem die Dachziegel glasiert sind, heißt **Pyrogranit** und wurde in den 1880er-Jahren in der Porzellanmanufaktur Zsolnay in Pécs (Südungarn) entwickelt. Das farbenfrohe und obendrein sehr beständige Pyrogranit kam schnell in ganz Europa in Mode.

Im mittleren Fenster auf der Südseite erkennen aufmerksame Beobachter das bayerische Wappen mit den weiß-blauen Rauten. Es steht für **Kaiserin und Königin Elisabeth ("Sissi")**, die aus Bayern stammte. Nach dem "Ausgleich" zwischen dem österreichischen Kaiserhaus und Ungarn wurden **Kaiser Franz Josef** und seine Frau Elisabeth 1867 in der Matthiaskirche offiziell zu König und Königin Ungarns gekrönt.

Auch der **Hochaltar** ist ein Werk des vielseitig talentierten Architekten Schulek. Wer genau hinschaut, entdeckt über dem Kopf der Marienstatue eine Kopie der ungarischen Krone. Sie wurde zur 1000-Jahr-Feier

der Staatsgründung Ungarns im Jahr 2000 mit einer Sondererlaubnis des Vatikan dort angebracht und soll daran erinnern, dass die Staatsgründung und die Annahme des Christentums Hand in Hand gingen. Dazu passend steht auf dem Platz zwischen Matthiaskirche und Fischerbastei ❸ ein **Reiterstandbild des Staatsgründers St. Stephan.** Der Entwurf für den Sockel der Statue stammt – wie könnte es anders sein – von Frigyes Schulek. Der umtriebige Architekt stand übrigens für die knieende Figur mit dem Kirchenmodell in der Hand auf dem rückwärtigen Relief selbst Modell.

› **Mátyás-templom**, I. Szentháromság tér, Bus 16 Szentháromság tér, www.matyas-templom.hu, geöffnet: Mo.–Fr. 9–17 Uhr, Sa. 9–12 Uhr, So. 13–17 Uhr, Eintritt: 1000 Ft, Kinder ab 6 Jahren und Rentner 700 Ft (Kasse gegenüber dem Südeingang der Kirche)

❸ Fischerbastei ★★ [B4]

Auch die von 1899 bis 1902 erbaute Fischerbastei ist ein Werk von Frigyes Schulek. Nach dem Umbau der Matthiaskirche ❷ wollte man eine Lösung für das dahinter liegende Gelände mit seiner schmucklosen Wehrmauer aus Backstein finden. Schulek ersann eine 140 Meter lange **Pseudo-Festungsanlage**, die mit ihren verspielten Treppen und Türmchen die prächtige Matthiaskirche umschließt.

Die Fischerbastei erfüllte zu keiner Zeit eine militärische Funktion, sondern diente immer schon dazu, was man auch heute noch auf ihr tut: hinaufsteigen und das unvergleichliche Panorama von Pest und der Donau genießen. Wer von hier aus **Fotos** machen möchte, sollte am Nachmittag kommen, da sonst die Sonne von vorne scheint.

KLEINE PAUSE

Café Ruszwurm

Das original erhaltene Biedermeierinterieur des *Café Ruszwurm* ist der ideale Ort für eine Pause auf dem Rundgang durch das Burgviertel. Aber nicht ärgern, wenn gerade kein Platz frei ist: Das *Ruszwurm* ist nicht viel größer als ein Wohnzimmer.

○**142** [B4] **Café Ruszwurm,** I. Szentháromság u. 7, Bus 16 Szentháromság tér, Tel. 3755284, www.ruszwurm.hu, geöffnet: Mo.–So. 9–20 Uhr

030bp Abb.: mt

Ihren Namen erhielt die Fischerbastei von der **Zunft der Fischer:** Im Mittelalter befand sich auf dem Platz um die Kirche der Fischmarkt und im Verteidigungsfall waren die Fischer für den dahinter liegenden Abschnitt der Burgmauer zuständig. Die **sieben Türmchen** symbolisieren die sieben magyarischen Stämme, die Ende des 9. Jahrhunderts in das Karpatenbecken eindrangen.

❭ **Halászbástya,** I. Szentháromság tér, Bus 16 Szentháromság tér, geöffnet: rund um die Uhr, Eintritt obere Terrasse: 15. März–15. Oktober 9–23 Uhr 500 Ft (Kinder 250 Ft), ansonsten frei

④ Tárnok utca ★★   [B4]

Die breite Tárnok utca, die den Szentháromság tér mit dem Dísz tér verbindet, ist die **Hauptstraße des Burgviertels.** In früheren Zeiten diente sie auch als Standfläche für den Wochenmarkt und hieß entsprechend „Straße der Händler".

Das erste auffällige Gebäude steht an der Ecke Szentháromság tér/Szentháromság utca, schräg gegenüber der Matthiaskirche ❷. Es ist das 1710 erbaute ehemalige **Rathaus von Buda.** Besonders auffällig sind der Glockenturm und der prächtige Eckerker. Unter Letzterem sitzt eine Statue von Pallas Athene, der griechischen Schutzgöttin der Städte. Mit der Vereinigung von Buda, Óbuda und Pest 1872 verlor das Rathaus seine Funktion, da die Verwaltung der vereinigten Stadt im größeren Pest angesiedelt wurde. Heute dient es als Forschungsstätte für ausländische Gastdozenten.

031bp Abb.: mt

❭ *In der Tárnok utca spürt man den Charme vergangener Jahrhunderte*

Einen seltenen Anblick im 1686 völlig zerstörten Burgviertel bieten die beiden **gotischen Häuser** in der Tárnok utca (Nr. 14 und 16). Sie stammen ursprünglich noch aus der Zeit vor der osmanischen Besatzung und wurden nach dem Zweiten Weltkrieg in diesem Zustand wiederhergestellt. Bei dem **weißen Haus (Nr. 16)** sieht man sehr schön, wie die alten Wohnhäuser des Burgviertels im Laufe der Jahrhunderte immer wieder weiterentwickelt wurden: Über dem Eingang der Gaststätte „Arany Hordó" erkennt man graue Steine in Form eines „L". Dabei handelt es sich um einen ehemaligen mittelalterlichen Fensterrahmen, der bei einer späteren Gebäuderekonstruktion einfach in die neue Mauer integriert wurde. Bei Spaziergängen im Viertel lassen sich an vielen Stellen ähnliche „Reste" früherer Bauphasen entdecken. Am **Haus Nr. 14** wiederum sieht man, wie farbenprächtig früher die Fassaden der Budaer Häuser bemalt waren. Heute ist es das einzige Gebäude, das noch in dieser Weise verziert ist.

❯ Bus 16 Szentháromság tér oder Dísz tér

❺ Ehemalige Armeekommandantur ★ **[B5]**

Am Kopfende des Dísz tér, der als Parkplatz genutzten Verbreiterung der Tárnok utca, steht der zerstörte Bau der ehemaligen Armeekommandantur. Das 1897 erbaute Amtsgebäude wurde im Zweiten Weltkrieg schwer beschädigt und steht seither als letzte **Weltkriegsruine** der Stadt mitten im Burgviertel. Für einen Umbau und die Umnutzung des Gebäudes gab und gibt es immer wieder Pläne, die jedoch bislang alle verworfen wurden. Der Bau wird derzeit vom städtischen Gartenbauamt als Lager genutzt. Zugleich markiert das Gebäude eine wichtige Trennlinie im Burgviertel: die Grenze zwischen der Bürgerstadt und dem hinter der Armeekommandantur beginnenden höfisch-königlichen Ortsteil.

❯ **Volt Honvéd Főparancsnokság,**
   I. Dísz tér 17, Bus 16 Dísz tér,
   keine Innenbesichtigung möglich

❻ Szent György tér ★ **[B5]**

Beim Anblick der Rasenfläche hinter der Ruine der Armeekommandantur ❺ kann man sich nur schwer vorstellen, dass an diesem Platz einst prächtige Repräsentationsgebäude standen. Das vierstöckige Gebäude des Kriegsministeriums direkt hinter der Armeekommandantur sowie das Palais der Grafen Teleki und die königlichen Reitanlagen wurden allesamt im Zweiten Weltkrieg zerstört und nicht wieder aufgebaut. Heute

wird der Platz vom gelben Gebäude des **ehemaligen Karmeliterklosters** beherrscht, an das sich rechts das **ehemalige Burgtheater** (s. S. 42) anschließt. Im Gegensatz zu seinem Wiener Pendant finden hier keine Schauspiel-, sondern Tanztheatervorstellungen statt, die auch für Besucher, die der ungarischen Sprache nicht mächtig sind, interessant sind.

Das weiße, kleinere Gebäude rechts neben dem Theater ist das **Sándor-Palais.** 1806 für den Grafen Vince Sándor erbaut, der dem im Königlichen Palast residierenden Statthalter des Kaisers wohl besonders nahe sein wollte, dient es seit 2003 als Amtssitz des ungarischen Präsidenten (der ähnlich wie die Bundespräsidenten Deutschlands und Österreichs vorwiegend repräsentative Funktionen innehat). Besonders sehenswert sind die gusseisernen Säulen, die die Terrassen der ersten Etage tragen. Sie sind von der Seite, von der Bergstation der Standseilbahn ❼ aus, sichtbar.

Auf der gegenüberliegenden **Westseite** des Szent György tér sind die Überreste der alten Burgmauer und der einst den Platz säumenden Gebäude zu sehen. Benannt ist er übrigens nach der 1686 zerstörten St.-Georgs-Kirche, die einst in seiner Mitte stand. Die Lage der Grundmauern ist auf der Rasenfläche angedeutet. Für den Szent György tér liegen groß angelegte Pläne in den Schubladen verschiedener Architekten und Ministerien. Obwohl noch nichts entschieden ist, wird er möglicherweise in einigen Jahren nicht mehr wiederzuerkennen sein. Vorgesehen sind eine Bebauung mit einem Besucherzentrum und diversen anderen Gebäuden mit kultureller Funktion.

❯ Bus 16 Dísz tér

❼ Standseilbahn ★★ [B5]

Zwischen Sándor-Palais und Burg-terrasse befindet sich die **Bergsta-tion** der Standseilbahn. Die Bahn wurde 1870 als weltweit zweite solche Konstruktion eröffnet (die erste fährt bis heute in Lyon), ursprünglich für die im Burgviertel Beschäftigten, die bis dahin mühsam zu Fuß hoch-steigen mussten. Doch auch Besu-cher begannen, das ungewöhnliche Verkehrsmittel für sich zu entdecken: Bereits 1873 wurden 1,5 Millionen Fahrgäste befördert, eineinhalbmal so viele wie heute.

Im **Zweiten Weltkrieg** wurde die Standseilbahn schwer beschädigt, ihre Trümmer abgetragen. Erst 1986 rekonstruiert, ist sie heute das belieb-teste Verkehrsmittel, um ins Burgvier-tel zu gelangen. Aus den stufenförmig

▹ *Der Königliche Palast ist das Herzstück des Burgviertels*

▽ *Mit der Standseilbahn kommt man bequem ins Burgviertel*

032bp Abb.: © cesar/fotolia.com

konstruierten Wagen bietet sich ein tolles Panorama. Obwohl die Bahn den Budapester Verkehrsbetrieben gehört, gelten die normalen Fahr-scheine und Zeitkarten hier nicht.

▸ **Budavári Sikló**, Bergstation: Bus 16 Dísz tér, Talstation: Straßenbahn 19/41, Bus 16, 86 und 105 Clark Ádám tér, Verkehrszeiten: Mo.–So. 7.30–22 Uhr, einfache Fahrt 900 Ft, hin und zurück 1500 Ft (für Kinder von 3–14 Jahren 550/1000 Ft)

❽ Königlicher Palast ★★★ [C5]

Der Königliche Palast (Királyi palota) ist ein bestimmendes Element des Budapester Stadtbildes. Die weitläu-fige Anlage beherbergt zwei Museen, die Nationalbibliothek sowie zahlrei-che Denkmäler und eine herrliche Aussichtsterrasse.

An der Stelle des heutigen Palas-tes, ganz an der Südspitze des Burg-hügels, ließen die ungarischen Kö-nige bereits ab Beginn des 14. Jahr-hunderts ihre Residenzen errichten. Legendär sind die Paläste der mäch-tigen Herrscher Sigismund von Lu-xemburg und Matthias Corvinus. Zeit-genössische Quellen berichten un-ter anderem bewundernd von einem 70 x 20 Meter großen Festsaal im Stil der Renaissance. Von diesen Bauten ist heute nichts mehr übrig. Zunächst verfielen sie in der Zeit der osmani-schen Besatzung, in der sie als Muni-tionslager genutzt wurden. 1578 ge-nügte ein Blitzschlag, um einen Groß-teil der Anlage in die Luft zu jagen. Den Rest gab ihm die Rückeroberung Budas 1686.

Unter der Herrschaft von **Kaiserin Maria Theresia** wurde zwischen 1749 und 1770 ein repräsentativer Ba-rockpalast erbaut. Da die österreichi-schen Kaiser natürlich in Wien residierten, wurde der schon damals „Königlicher Palast" genannte Bau nicht als solcher genutzt, sondern diente zunächst als Kloster und Universität. Erst ab 1789 residierte der Statthalter der Habsburger, der sogenannte Palatin, im Palast.

Ende des 19. Jahrhunderts wurde das Gebäude wesentlich erweitert und erhielt seinen heutigen Grundriss. Es wurde komplett für die königliche Familie eingerichtet, die es jedoch nur selten nutzte. Im Zweiten Weltkrieg wurde es schwer beschädigt, das prächtige Interieur ging komplett verloren. Beim Wiederaufbau verzichtete man auf eine originalgetreue Rekonstruktion, sondern schuf eine **neobarocke Fassade,** die so zuvor nie existiert hat, und baute im Innern funktionale Räume.

Vom Szent György tér kommend, passiert man zunächst eine Art halben Torbogen, eine zeitgenössische Interpretation des sogenannten **Bettlertors.** In früheren Zeiten standen hier die Bettler, die auf Almosen von den hinein- und hinausgehenden Angehörigen des Hofes hofften. Oben auf dem Bogen sitzt der schon von der Matthiaskirche bekannte Rabe mit dem Ring im Schnabel, das Wappentier des Renaissancekönigs Matthias Corvinus. Nun steht man im sogenannten Hunyadi-Hof, dem Vorplatz des eigentlichen Palastes. Linker Hand stehen die zu Beginn des 20. Jahrhunderts erbauten **Flügel A und B** des Palastes, die heute Ausstellungsräume der **Nationalgalerie** beherbergen. Davor kämpft ein Knecht mit seinem Pferd: Die Statue stand ursprünglich vor dem gegenüberliegenden königlichen Stallgebäude, das heute nicht mehr existiert. Die Nationalgalerie bietet einen umfassenden Überblick über die

033bp Abb.: mt

Kunstgeschichte Ungarns von gotischen Flügelaltären über barocke Kunst bis hin zur Malerei des 19. und 20. Jahrhunderts. Da ungarische Künstler bislang im Ausland – oft zu Unrecht – nicht sehr bekannt sind, können Kunstfreunde hier viel Spannendes entdecken. Besonders interessant sind die Werke von Mihály Munkácsy, Gyula Benczúr und József Rippl-Rónai sowie die außergewöhnlichen Farb- und Formkompositionen von Tivadar Csontváry Kosztka. Die Sonderausstellungen der Nationalgalerie sind hingegen mit Vorsicht zu genießen, da sie zuweilen einen vom zuständigen Ministerium vorgegebenen politischen Unterton aufweisen, der für ausländische Besucher nicht immer nachvollziehbar ist. Mit der Eintrittskarte für das Museum kann übrigens auch die imposante Kuppel mit ihrem herrlichen Panoramablick bestiegen werden.

Weiter vorne im Hof plätschert ein Brunnen. Die Statuen des künstlichen Wasserfalls stellen König **Matthias Corvinus und seine Gefolgschaft bei der Jagd** dar. Das romantisch-kitschige Denkmal zeigt oben den König, darunter seine Jagdgehilfen. Links sitzt sein italienischer Chronist Galeotto Marzio mit einem Falken auf der Hand, rechts die poetische Gestalt Szép Ilonka, ein Mädchen von niederem Stand, das sich auf einer Jagd in den verkleideten König verliebt haben soll. Man beachte außerdem die mit einer unwahrscheinlichen Liebe zum Detail abgebildeten Tiere.

Von hier aus hat man die Wahl: Geradeaus gelangt man durch das Löwentor in den quadratischen Innenhof der Palastanlage. Linker Hand befindet sich das Hauptgebäude der Nationalgalerie, in dem Palastflügel rechts residiert die **Széchényi-Nationalbibliothek.** Bestandteil der leider nicht frei zugänglichen Sammlung sind unter anderem 32 Bände aus der legendären Handschriftenbibliothek von Matthias Corvinus.

Der Gebäudeteil vor Kopf ist die Heimstatt des **Historischen Museums der Stadt Budapest.** Die Sammlung ist vor allem für Kunstgeschichtefans interessant. Unter anderem werden die 1974 zufällig gefundenen gotischen Statuen gezeigt, die als einzige Überreste des 1686 endgültig zerstörten Königspalastes gelten. Durch das Erdgeschoss (es ist keine Eintrittskarte notwendig) gelangt man außerdem zu den **mittelalterlichen Festungsresten,** die nach dem Zweiten Weltkrieg hier entdeckt wurden. Dieser Teil des Burgviertels wird

nur wenig besucht und ist mit seinen alten Mauern und Türmen ein toller Rückzugsort vom sonstigen Trubel auf dem Burghügel.

Wenn man beim Matthias-Brunnen den Durchgang links nimmt, kommt man auf die majestätische **Burgterrasse.** Von hier aus hat man einen herrlichen Blick auf die Donau und die gegenüberliegende Pester Seite. Das Reiterstandbild zeigt **Eugen von Savoyen** („Prinz Eugen, der edle Ritter"), der maßgeblichen Anteil an der Rückeroberung Budas 1686 und später Südungarns von den Osmanen hatte. Ursprünglich sollte die 1900 von József Róna geschaffene Statue in der Stadt Zenta (heute Senta, Serbien) stehen, dem Schauplatz einer wichtigen Schlacht unter Führung Prinz Eugens. Peinlicherweise konnte die Stadt die bereits fertiggestellte Statue aber nicht bezahlen, sodass sie schließlich vom Königshaus gekauft und an ihrem heutigen Ort aufgestellt wurde.

Über die Freitreppe mit dem reich verzierten neobarocken Geländer gelangt man wieder zur Bergstation der Standseilbahn.

› **Ungarische Nationalgalerie (Magyar Nemzeti Galéria),** I. Szent György tér 2 (Burgpalast, Flügel A, B, C, D), Bus 16 Dísz tér, Tel. 2019082, www.mng.hu, geöffnet: Di.–So. 10–18 Uhr, jeden 1. Freitag im Monat bis 22 Uhr, Eintritt: 1200 Ft (nur für die Sammlung, für Sonderausstellungen gelten Sonderpreise).

› **Historisches Museum der Stadt Budapest (Budapesti Történeti Múzeum),** I. Szent György tér 2 (Burgpalast, Flügel E), Bus 16 Dísz tér, Tel. 4878800, www. btm.hu, geöffnet: Di.–So. 10–18 Uhr, vom 1. November bis zum 28. Februar nur bis 16 Uhr, Eintritt: 1500 Ft, 6–26 und 62–70 Jahre 750 Ft, darunter und darüber frei.

Pester Innenstadt (Belváros)

Das quirlige Pest bietet einen deut-
lichen Kontrast zum eher ruhigen
Buda. Hier pulsiert das Leben, hier
finden sich die wichtigen kulturellen,
wirtschaftlichen und politischen Insti-
tutionen. Der Name „Innenstadt" be-
zeichnet dabei nicht das Stadtzen-
trum im Allgemeinen, sondern einen
genau umrissenen Stadtteil, der von
der Donau im Westen, von der József
Attila utca im Norden und vom Klei-
nen Ring (s. S. 72) im Osten und im
Süden begrenzt wird.

In diesem Gebiet befand sich die **Keimzelle der Stadt**, der römische Wachposten Contra Aquincum. Ursprünglich bildete die Donau die Grenze zwischen Römern und Barbaren, mit der wichtigen römischen Garnisonsstadt Aquincum auf dem Gebiet des heutigen Óbuda. Ende des 3. Jahrhunderts n. Chr. errichteten die Römer dann Contra Aquincum auf feindlichem Terrain. Später siedelten sich slawische Kalkbrenner an, die dem Ort seinen Namen gaben. „Pest"

Die Brücken von Budapest

Die Donau kann auf dem Stadtgebiet
Budapests auf insgesamt acht Straßen-
brücken überquert werden. Die älteste
*ist die **Kettenbrücke**, die bereits 1846*
eingeweiht wurde und damit die erste
und für längere Zeit die einzige feste
Querungsmöglichkeit zwischen Wien
und dem Schwarzen Meer bot. Sie trug
wesentlich zum Aufstieg Budapests zur
Großstadt bei.

Nördlich der Kettenbrücke erstreckt
*sich die **Margarethenbrücke**. Sie wur-*
de 1876 von dem französischen Archi-
tekten Ernest Goüin erbaut. Ihre Be-
sonderheit ist der Knick, den die Kons-
truktion in der Mitte aufweist. Er war
notwendig, damit die Brückenpfeiler
senkrecht in der Donau positioniert
werden konnten, da andernfalls die
Strömung des Wassers die Brücke fort-
spülen würde. Im Knick befindet sich
der Zugang zur Margareteninsel, so
dass die Brücke von oben betrachtet
die Form eines „Y" hat.

An der Nordspitze der Margarethen-
insel wird die Donau seit 1950 von der
***Árpád-Brücke** überquert. Auch sie*

bietet eine Zufahrt zur Insel. Noch wei-
ter nördlich steht die neueste Brücke
*Budapests, die 2008 eröffnete **Megye-***
***ri-Brücke**, die mit ihren gewaltigen,*
100 Meter hohen Beton-Pylonen weit-
hin sichtbar ist.

Südlich der Kettenbrücke schließt
*sich die leuchtend weiße **Elisabeth-***
***brücke** an. Sie ersetzte 1964 die ers-*
te, gleichnamige Brücke, die als ein-
zige der historischen Budapester Do-
naubrücken nach dem Zweiten Welt-
krieg nicht wieder aufgebaut werden
konnte.

*Danach folgt die grüne **Freiheits-***
***brücke**. Sie wurde zur 1000-Jahr-Fei-*
er Ungarns 1896 von Kaiser Franz Jo-
seph persönlich eröffnet, dessen Na-
men sie auch ursprünglich trug.

Für die südliche Verbindung des
Großen Rings mit Buda sorgt die 1937
*in Betrieb genommene **Petőfi-Brücke***
und schon von Weitem an ihren 35
Meter hohen roten Pylonen erkennbar
*ist die **Rákóczi-Brücke**, die südlichs-*
te der Budapester Brücken. Sie wurde
dem Verkehr 1995 übergeben.

hat nämlich nichts mit der Krankheit zu tun, sondern bedeutet „Ofen". Interessant ist in diesem Zusammenhang der historische deutsche Name des gegenüber liegenden Buda – dieser lautete Ofen. Als Erklärung führen Historiker an, dass bei der Besiedlung des Budaer Burghügels im 13. Jahrhundert auch Bewohner von Pest nach Buda zogen und den Namen ihrer Stadt mitnahmen.

Die Hauptschlagader der Pester Innenstadt ist seit Jahrhunderten die **Váci utca** [E7], ursprünglich eine alte Handelsstraße entlang der Donau. Wegen seines Handelshafens und der leichten Überquerbarkeit des Flusses erlangte Pest früh eine herausragende Bedeutung als Wirtschaftsstandort. Im 19. Jahrhundert dann wurde die Váci utca zur beliebten Flaniermeile und Einkaufsstraße des wohlhabenden Bürgertums. Heute ist sie allerdings wenig aufregend. In der Fußgängerzone zwischen Großer Markthalle und Vörösmarty tér finden sich vor allem touristische Restaurants und die sattsam bekannten internationalen Filialisten. Spannender ist der parallel verlaufende **Donaukorso**. Die Fußgängerpromenade oberhalb des Donauufers lädt bei schönem Wetter zum Verweilen ein und bietet immer wieder herrliche Ausblicke auf den Königlichen Palast und das Burgviertel.

❾ Redoute ★ [D5]

Architektonisch bestimmendes Element des Donaukorsos ist die Redoute, ein **Ball- und Konzertsaal**. Erbaut im Jahre 1865, fällt sie vor allem durch ihren orientalisch-byzantinischen Baustil auf. Kein Wunder: Architekt Frigyes Feszl hatte die Pläne ursprünglich bei der Ausschrei-

bung für die Synagoge in der Dohány utca ⓰ eingereicht, als sein Entwurf dort jedoch nicht gewann, „recycelte" er ihn einfach für die Redoute und erhielt den Zuschlag. Im Konzertsaal traten unter anderen Franz Liszt, Johannes Brahms, Béla Bartók und Herbert von Karajan auf. Heute wird die Redoute nur noch sporadisch bespielt, eine neue Nutzung steht zur Diskussion.

> **Pesti Vigadó**, V. Vigadó tér 2, Straßenbahn 2 Vigadó tér, derzeit keine Innenbesichtigung möglich

❿ Innerstädtische Pfarrkirche ★★ [D6]

Das älteste noch existierende Gebäude von Pest ist wie ein **Schnellkurs in Architekturgeschichte.** Die Kirche steht auf den Mauern der ehemaligen römischen Festung Contra Aquincum. Ursprünglich eine dreischiffige romanische Basilika, wurde die Kirche im 14. und 15. Jahrhundert im gotischen Stil umgebaut. Während der osmanischen Besatzung diente sie als Moschee. Noch heute kann man auf der rechten Seite des Chors den Mihrab, die Gebetsnische des Imam erkennen. Nach der Rückeroberung durch die Christen ließ man den gotischen Chor stehen und ergänzte ihn durch die barocken Türme und ein dazu passendes Kirchenschiff. Der Übergang zwischen den beiden Teilen ist sowohl außen als auch innen gut erkennbar. Auf dem Platz vor der Kirche sieht man unter den Glasplatten die **Ruinen der römischen Festung.**

> **Belvárosi Főplébániatemplom**, V. Március 15. tér, Straßenbahn 2, Bus 15/115 Március 15. tér (auf Buslinie 15/115 nur in Richtung Boráros tér bedient), geöffnet: Mo.–So. 9–19 Uhr, Foto-Erlaubnis: 250 Ft

⓫ St.-Michaels-Kirche ★ [E6]

Die sehenswerte **Barockkirche** des Frauenordens Congregatio Jesu mitten im Gewusel der Váci utca wurde 1747 bis 1755 für den Dominikanerorden erbaut. 1787 erhielt der auch als „Englische Fräulein" bekannte Frauenorden die Kirche und das benachbarte Ordenshaus. Die Schwestern betrieben bis 1950 und seit 1998 wieder eine Schule in dem Gebäude.

Obwohl das Wasser bei der Flut von 1838 zwei Meter hoch im Kirchenraum stand, ist das von Dominikanermönchen geschnitzte **Holzinterieur** weitgehend erhalten. Besonders sehenswert sind auch der Rokoko-Altar, der den heiligen Dominikus zeigt, und das erst 1999 wieder freigelegte Deckenfresko. Heute finden oft **Konzerte** in der Kirche statt (s. S. 42).

> **Szent Mihály-templom,** V. Váci u. 47, U-Bahn M3, Bus 5, 7, 7E, 8, 15, 112, 115, 173, 173E, 178, 233E und 239 Ferenciek tere (auf den Linien 15 und 115 nur in Richtung Lehel tér/Árpád híd bedient), geöffnet: Mo.–So. 10–18 Uhr

⓬ Serbische Kirche ★★ [E7]

Bereits seit Jahrhunderten lebt eine kleine serbische Gemeinschaft in Ungarn. Viele Zuwanderer kamen im 17. Jahrhundert, als die Osmanen auf dem Rückzug aus Ungarn Serbien verwüsteten. 1733 bauten die Pester Serben sich diese kleine **Barockkirche,** die inmitten eines stimmungsvollen Gartens steht. Innen folgt die Kirche dem üblichen Aufbau orthodoxer Gotteshäuser: Sitzbänke gibt es keine, im hinteren Teil stehen die Frauen, weiter vorne die Männer. Der Chor wird mithilfe einer sehenswerten, aus dem 19. Jahrhundert stammenden **Ikonostase** abgetrennt.

> **Szerb templom,** V. Szerb u. 4, Straßenbahn 2 und 47/49, Bus 15/115 Fővám tér (Bus 15/115 nur in Richtung Boráros tér bedient)

⓭ Universitätskirche ★★ [E6]

Der gemütliche Egyetem tér wird vom Hauptgebäude der **Loránd-Eötvös-Uni (ELTE),** einer der sechs großen Budapester Universitäten, dominiert. Unmittelbar mit dem Gebäude verbunden ist die zweitürmige **Universitätskirche,** eine der bedeutendsten Barockkirchen Ungarns. Im Gegensatz zu vielen anderen Gotteshäusern steht bei der Gestaltung des 1723 bis 1770 erbauten Gotteshauses die **düstere Seite des Barock** im Vordergrund. Sehr ungewöhnlich ist die original erhaltene Dekoration der Marmorverkleidungen und der Wände im **Innenraum.** Die Fresken an der Decke stammen vom bekannten Wie-

◁ *Auf römischen Ruinen errichtet: die Innerstädtische Pfarrkirche am Március 15. tér*

059bp Abb.: gk

ner Maler Johann Bergl, der unter anderem auch für die Wandmalereien im Schloss Schönbrunn und im Stift Melk verantwortlich zeichnete. Beachtung verdient außerdem die wunderschön gestaltete Kanzel.

❯ **Egyetemi Templom**, V. Egyetem tér, U-Bahn M3, Bus 5, 7, 7E, 8, 15, 112, 115, 173, 173E, 178, 233E und 239 Ferenciek tere (auf den Linien 15 und 115 nur in Richtung Lehel tér/Árpád híd bedient), geöffnet: Mo.–So. 7–19 Uhr

⑭ Rózsavölgyi-Haus ★★ [E5]

Auf dem dreieckigen, zwischen die umliegenden Häuser gequetschten Szervita tér stehen gleich zwei der bedeutendsten Bauten der frühen ungarischen Moderne. Das Rózsavölgyi-Haus des Architekten **Béla Lajta** aus dem Jahr 1911 besticht durch die **Einfachheit der Mittel**. Es ist einer der ersten Bauten in Budapest, bei denen konsequent auf Schnörkel und Dekorationen verzichtet wird. Lediglich die schmalen Bordüren zeigen die typischen stilisierten Folkloremuster, mit denen Lajta immer gern gearbeitet hat. Im Erdgeschoss ist noch immer die **Musikalienhandlung** der Familie Rózsavölgyi ansässig, für die das Haus auch ursprünglich gebaut wurde.

❯ **Rózsavölgyi-ház**, V. Szervita tér 5, Bus 15/115 Szervita tér (nur in Richtung Lehel tér/Árpád híd bedient)

⑮ Bankhaus Török ★★ [E5]

Das übernächste Gebäude rechts vom Rózsavölgyi-Haus ⑭ ist das ehemalige Bankhaus Török aus dem Jahr 1906, das vor allem durch das prächtige, 50 Quadratmeter große **Glasmosaik** auf der Fassade auffällt. Es zeigt die „Apotheose der Hungaria" mit der

das Land symbolisierenden Frauengestalt in der Mitte. Der Künstler Miksa Róth hatte als Hauptfigur eigentlich einen Erzengel vorgesehen, der – ganz im Sinne des Bauherrn, der – Török-Bank – Gold unters Volk streut. Schlussendlich kam es aber zu dem patriotischeren Motiv. Das Gebäude selbst ist vom **Brüsseler Jugendstil** inspiriert und besticht durch seine **wohlproportionierte Glasfassade.** Zum ersten Mal in Budapest haben die Architekten Ármin Hegedűs und Henrik Böhm extra Platz für in die Fassade integrierte Firmenschilder vorgesehen (der schwarze Rahmen im 1. Stock und die Messingschilder über den Fenstern im 2. und 3. Stock).

❯ **Török-bankház**, V. Szervita tér 3, Bus 15/115 Szervita tér (nur in Richtung Lehel tér/Árpád híd bedient)

Kleiner Ring (Kiskörút)

Der (eigentlich unvollständige) Kleine Ring startet am Deák Ferenc tér [E5] und umrundet die historische Innenstadt von Pest bis zur Freiheitsbrücke (Szabadság híd). Die 1,5 Kilometer lange Ringstraße verläuft dabei entlang der ehemaligen Pester Stadtmauer. Die bis zu 8 Meter hohe Mauer wurde bereits Anfang des 19. Jahrhunderts abgetragen, um Platz für die Stadtentwicklung zu schaffen. Doch nicht überall machte man sich die Mühe, sie tatsächlich komplett abzureißen: In den Innenhöfen der meisten Häuser auf dem Múzeum körút und dem Vámház körút sind Reste von ihr zu sehen – man hat die Mauer einfach in die neuen Gebäude integriert. Sehr schön zu sehen ist dies an der Ecke Bástya utca/Veress Pálné utca, wo ein als Parkplatz genutztes leeres Grundstück den Blick auf die Mauer freigibt. In der Ferenczy István utca ist auf einem Mauervorsprung ebenfalls ein Stück „integrierte" Stadtmauer sichtbar.

⑯ Synagoge in der Dohány utca (Große Synagoge) ★★★ [F5]

Die „Große Synagoge" ist das Zentrum des ungarischen Judentums und die größte Synagoge Europas.

Mitte des 19. Jahrhunderts kamen im Zuge der Gleichstellung der jüdischen Bevölkerung Pläne für die Errichtung einer großen Synagoge auf. Die Wahl fiel auf das Eckgrundstück Dohány utca/Károly körút, den Zuschlag für den Bau erhielt der bayerische Architekt **Ludwig Förster**. Nach seinen Plänen entstand die Synagoge in dem für damalige jüdische Bauten beliebten **orientalisch-historisierenden Stil**. Um die erforderliche Ost-West-Ausrichtung zu erzielen, steht das Gebäude nicht im rechten Winkel zur Straße.

Die Anordnung und Gestaltung erinnert auffallend an eine christliche Kirche. Dies hat zwei Gründe: Zum einen wollte die jüdische Gemeinde in der „Gleichstellungseuphorie" des 19. Jahrhunderts die gemeinsamen Wurzeln und ihre Verbundenheit mit der christlichen Mehrheit ausdrücken, zum anderen waren die Architekten der Synagoge Christen. So kommt es, dass die Große Synagoge sogar eine **Orgel** hat, auf der bis heute regelmäßig Konzerte gespielt werden.

Ursprünglich war das Erdgeschoss für Männer vorgesehen, Frauen nahmen in den oberen Stockwerken Platz. Seit dem Zweiten Weltkrieg sitzen jedoch beide Geschlechter unten, auf der einen Seite die Frauen, auf der anderen die Männer.

Im Hof der Synagoge steht ein bewegendes **Denkmal für die Opfer der Shoa**. Auf den Blättern der Trauerweide aus Aluminium steht jeweils der Name eines Opfers. Das Denkmal wurde von 1984 von Imre Varga gefertigt und vom ungarischstämmigen Hollywoodschauspieler Tony Curtis finanziert. Ungewöhnlich ist der **Friedhof** auf dem Grundstück der Synagoge. Nach jüdischer Vorschrift dürfen Tote nicht neben einem Tempel bestattet werden. Bei der Befreiung des Ghettos im Januar 1945 lagen jedoch mehrere Tausend Tote auf den Straßen, die mangels Alternative im Hof der Synagoge beigesetzt wurden.

Gottesdienste werden nur in der warmen Jahreszeit und an wichtigen Festtagen in der Großen Synagoge gefeiert. Im Winter nutzt die Gemeinde den 1931 dahinter erbauten, kleineren **Heldentempel**, der günstiger zu beheizen ist.

Beim Besuch der Synagoge müssen die **Schultern bedeckt** sein. Männer müssen eine **Kopfbedeckung** tragen (wer keine dabei hat, bekommt am Eingang eine Leih-Kippa). Am Eingang erfolgt eine Sicherheitskontrolle. Die Eintrittskarte berechtigt auch zum Besuch des angeschlossenen **Jüdischen Museums**, in dem rituelle Gegenstände und eine Fotoausstellung zur Shoa gezeigt werden. Der Anbau, in dem sich das Museum befindet, steht übrigens an der Stelle, an der sich früher das Geburtshaus von **Theodor Herzl**, dem Begründer des politischen Zionismus, befunden hat. Wer sich besonders für die jüdische Kultur und Geschichte in Budapest interessiert, kann am Kassenhäuschen bei der Synagoge verschiedene geführte **Touren** buchen.

> **Dohány utcai zsinagóga**, VII. Dohány utca 2–8, U-Bahn M2, Straßenbahn 47/49, Bus 5, 7, 8, 9, 109, 112, 173, 178, 233E und 239 Astoria, www.aviv.hu, geöffnet: Mo.–Do. 10–18 Uhr (1. November–28. Februar nur bis 16 Uhr), Fr. 10–16.30 (1. November–28. Februar nur bis 14 Uhr, im März nur bis 15.30 Uhr), So. 10–18 Uhr (1. November–28. Februar nur bis 16 Uhr), Eintritt: 2250 Ft, Schüler und Studenten 1200 Ft, Foto-Erlaubnis zusätzlich 500 Ft

⑰ Ungarisches Nationalmuseum ★★ [F6]

Der weiße, klassizistische Bau wurde 1837 bis 1846 eigens für die 30 Jahre zuvor gestiftete Sammlung errichtet und gilt als das Hauptwerk des Architekten Mihály Pollack. In den 1860er-Jahren tagte hier das Oberhaus des ungarischen Parlaments. Das im Stil eines **griechischen Tempels** erbaute Museum zeigt heute eine Dauerausstellung über die **Geschichte Ungarns,** die vor allem für besonders Interessierte von Bedeutung ist. Sehenswert ist der in einem separaten Raum ausgestellte **Krönungsmantel.** Er ist der einzige Teil der Krönungsinsignien der ungarischen Könige, der im Nationalmuseum verblieben ist (die anderen sind im Parlament ausgestellt), und der einzige, der nachweislich aus der Zeit St. Stephans stammt. Der kleine Park um das Museum herum ist ein schöner Ort für eine Pause.

> **Magyar Nemzeti Múzeum**, VIII. Múzeum krt. 14–16, U-Bahn M3, Straßenbahn 47/49, Bus 9, 15, 109 und 115 Kálvin tér, Tel. 3277773, www.hnm.hu, geöffnet: Di.–So. 10–18 Uhr (wegen Sparmaßnahmen gibt es zufällig angeordnete Schließungstage einzelner Abteilungen), Eintritt: 1100 Ft, EU-Bürger von 6 bis 26 und 62 bis 70 Jahre 550 Ft, darunter und darüber frei

Jüdisches Leben in Budapest

*Juden kamen bereits **im 9. Jahrhundert** mit den Magyaren in das Gebiet des heutigen Ungarn. Daraus entwickelte sich im Mittelalter eine stabile jüdische Bevölkerung. In der Zeit der osmanischen Besatzung wandten sich viele Juden den Osmanen zu, da diese toleranter waren als die Christen. Dementsprechend mussten sie die Rache der Rückeroberer erleiden. Ende des 17. Jahrhunderts gab es praktisch keine Juden mehr in Ungarn.*

*Erst hundert Jahre später siedelten sich wieder Juden im Land an, wobei sie nur außerhalb der Städte wohnen durften. So auch in Pest, wo sie auf der Außenseite der Stadtmauer auf Höhe des heutigen Deák Ferenc tér ein kleines Dorf gründeten. Daraus entwickelte sich der heute **historisches jüdisches Viertel** genannte Teil des VII. Bezirkes zwischen Kleinem Ring, Király utca, Dohány utca und Großem Ring.*

*Das erste Gesetz zur **Gleichstellung der jüdischen Bevölkerung** wurde bereits 1849 verabschiedet und 1867 bestätigt. Damit waren die ungarischen Juden vollwertige Bürger ihres Landes – früher, als dies in der österreichischen Reichshälfte der Fall war. Viele Juden wurden dadurch stolze ungarische Patrioten. Zugleich setzte eine jüdische Einwanderung aus anderen Teilen der k.-u.-k.-Monarchie ein. Die Zahl der Juden verdreifachte sich zwischen 1850 und 1900. Zur Jahrhundertwende waren über 20 Prozent der Budapester jüdischen Glaubens. Sie*

⑱ Palaisviertel ★★★ [F6]

Prächtige Stadtpalais wohlhabender Adelsfamilien bestimmen das Straßenbild in einem der schönsten Budapester Stadtviertel.

Als das Nationalmuseum ab den 1860er-Jahren vom Oberhaus des ungarischen Parlaments genutzt wurde, hielten es zahlreiche Abgeordnete und ihre zumeist adeligen Familien für besonders wichtig, möglichst in der Nähe des Tagungsortes zu wohnen. Sie begannen, die Grundstücke hinter dem Nationalmuseum zu kaufen und repräsentative Stadtpalais zu errichten. Als Faustregel galt: Je näher am Museum, desto reicher die Familie und desto üppiger das Gebäude.

Heute lässt sich das Viertel zwischen Kleinem Ring, Bródy Sándor utca, Horánszky utca, Krúdy Gyula utca und Reviczky utca am besten bei einem Spaziergang erkunden. Die schönsten Palais stehen direkt hinter dem Nationalmuseum: Links das **Palais Festetics** (VIII. Pollack Mihály tér 10), in dem heute die deutschsprachige Andrássy-Universität ihren Sitz hat, daneben das **Palais Esterházy** (VIII. Pollack Mihály tér 8) und ganz rechts das **Palais Károlyi** (VIII. Pollack Mihály tér 3), die beide vom Ungarischen Rundfunk genutzt werden. Doch auch in den Nebenstraßen lassen sich stimmungsvolle Gassen und großartige Bauten entdecken, die den Glanz vergangener Tage wieder lebendig werden lassen.

❯ **Palotanegyed,** U-Bahn M3, Straßenbahn 47/49, Bus 9, 15, 109 und 115 Kálvin tér

▷ *Folgeseite: Viele Budapester schätzen die frischen Waren aus der Großen Markthalle* ⑲

---

prägten als Architekten, Künstler, Wissenschaftler und Financiers die explosionsartige Entwicklung Budapests gegen Ende des 19. Jahrhunderts. Dennoch erstarkte der **Antisemitismus** *nach 1918 zusehends. 1944 marschierten die Deutschen in das eigentlich verbündete Ungarn ein. Innerhalb weniger Wochen wurden sämtliche Juden, die außerhalb Budapests lebten, nach Auschwitz deportiert - etwa 450.000 Menschen.*

In Budapest waren inzwischen **zwei Ghettos** *gegründet worden, das größere im historischen jüdischen Viertel hinter der Großen Synagoge* ⑯. *Hier starben viele Menschen durch gezielte Morde oder infolge der unmenschlichen Bedingungen. Dennoch konnte durch eine Initiative von mutigen*

Helfern und letztlich durch die näherrückende Front die massenhafte Deportation verhindert werden. Etwa 100.000 bis 150.000 jüdische Budapester überlebten die Shoa.

Das **kommunistische Regime** *unterdrückte ab 1948 systematisch jegliche Religionsausübung. Viele Juden entschlossen sich zur Auswanderung. Heute leben schätzungsweise zwischen 80.000 und 100.000 jüdischstämmige Menschen in Budapest. Insbesondere die jüngere Generation beginnt, teilweise unabhängig von der offiziellen jüdischen Gemeinde, ihre* **religiös-kulturellen Wurzeln wiederzuentdecken.** *In den vergangenen zehn Jahren hat sich insbesondere im VII. Bezirk eine regelrechte jüdische Subkultur gebildet.*

⑲ Große Markthalle ★★★ [E7]

Bei Touristen und Einheimischen gleichermaßen beliebt: Die Große Markthalle ist Sehenswürdigkeit und Speisekammer zugleich.

Eines der populärsten Ziele von Budapest-Besuchern ist die Große Markthalle am Fővám tér. Eröffnet wurde sie 1897 gemeinsam mit vier weiteren Markthallen im Innenstadtbereich. Das Gebäude war im Vergleich zu den bis dahin üblichen Freiluftmärkten ein Quantensprung in Sachen Hygiene und praktisch war es obendrein: Ursprünglich konnte das Untergeschoss nämlich von Lastkähnen über einen eigens angelegten Kanal direkt von der Donau aus angesteuert werden. Das bedeutete geringere Transportkosten und frischere Waren.

Obwohl der Kanal längst nicht mehr existiert, ist die Markthalle bis heute wegen der Frische der Produkte und der günstigen Preise der **bevorzugte Einkaufsort vieler Budapester**. Im Erdgeschoss befinden sich die Obst- und Gemüsehändler sowie Fleisch- und Käsestände. Das Untergeschoss beherbergt Fisch- und Wildhändler sowie einen Supermarkt. Im oberen Stockwerk locken Souvenirhändler und Imbissbuden vor allem das touristische Publikum.

Es ist ein tolles Erlebnis, einfach in der Markthalle umherzustreunen und sich den vielen verschiedenen Farben und Gerüchen hinzugeben. Architektonisch besonders interessant sind die seinerzeit hochmoderne **Stahlgerüstkonstruktion** der Halle und das **Dach** aus bunten Zsolnay-Pyrogranit-Ziegeln.

Das monumentale Gebäude rechts neben der Großen Markthalle ist heute der Hauptsitz der namhaften **Corvinus-Universität**. Ursprünglich diente das Gebäude als Hauptzollamt, da sich bis vor rund einhundert Jahren der Handelshafen an diesem Abschnitt des Donauufers befand. Im nicht immer zugänglichen Innenhof steht eine riesige Büste von Karl Marx, dessen Namen die Universität von 1953 bis 1990 trug.

❭ **Központi Vásárcsarnok**, IX. Vámház krt. 1–3, Straßenbahn 2 und 47/49, Bus 15/115 Fővám tér (Bus 15/115 nur in Richtung Boráros tér bedient), geöffnet: Mo. 6–17 Uhr, Di.–Fr. 6–18 Uhr, Sa. 6–15 Uhr

Budapest von oben – der Gellért-Berg

*Der Gellért-Berg, den man von der Großen Markthalle ⓳ über die Freiheitsbrücke leicht erreicht, ist der **höchste Punkt im Stadtzentrum** und durch die 1947 auf dem Gipfel aufgestellte **Freiheitsstatue** weithin sichtbar. Die 14 m hohe, von Zsigmond Kisfaludi Strobl geschaffene Frauengestalt wurde 1947 aufgestellt. Mit einem Palmzweig als Friedenssymbol in ihren Händen erinnert sie an das Ende des Zweiten Weltkriegs. Die Skulptur eines Sowjetsoldaten, die ursprünglich am Sockel der Freiheitsstatue stand, fristet seit 1993 im Memento Park ⓷⓻ ihr Gnadenbrot. Wer den Aufstieg auf den 235 Meter hohen Berg auf sich nimmt, wird mit einem atemberaubenden Stadtpanoramablick belohnt. Sehr sehenswert ist auch die gegenüber dem Seiteneingang des Hotels Gellért (XI. Szent Gellért tér 1, [D/E8]) gelegene, in den Berg gegrabene **Felsenkapelle**. Sie gehört dem Paulinerorden, der auch ein Kloster direkt am Berghang unterhält. Oben bieten um die von den Österreichern 1854 erbaute Zitadelle herum Imbissstände und Restaurants Möglichkeiten zur Erfrischung.*

Wer den Weg nach oben nicht zu Fuß gehen möchte, kann auch die Buslinie 27 vom Móricz Zsigmond körtér nehmen (Anfahrt mit den Straßenbahnen 6, 19/41 und 47/49 oder mit der Buslinie 7/7E/173/173E) und an der Haltestelle Búsuló Juhász (Citadella) aussteigen. Von hier sind es nur noch einige Minuten Fußweg.

Andrássy út, Heldenplatz und Stadtwäldchen (Városliget)

Die Andrássy út [E4–G2] ist der repräsentative **Prachtboulevard** Budapests. Die 2,5 Kilometer lange Straße zwischen Deák Ferenc tér und Heldenplatz wurde zwischen 1872 und 1876 angelegt und avancierte schnell zum bevorzugten Wohnort wohlhabender Bürger. Es fällt auf, dass die Bebauung der Andrássy út, die seit 2002 Teil des **UNESCO-Weltkulturerbes** ist, sich deutlich in drei Abschnitte teilt: Im ersten Abschnitt zwischen Deák Ferenc tér und Oktogon herrscht der typische **innerstädtische Charakter** vor, mit einzelnen Repräsentativbauten wie etwa der Staatsoper. In der Folge wird die Struktur luftiger, und im dritten Teil ab dem Kodály Körönd machen die mehrgeschossigen Mietshäuser **herrschaftlichen Villen** Platz, bevor die Andrássy út in den monumentalen Heldenplatz ⓶⓶ mündet.

Entlang der Andrássy út finden sich die schönsten Beispiele der für Budapest so typischen eklektisch-historistischen Bauweise. Selbstverständlich ist die Prachtstraße seit mehr als hundert Jahren auch ein wichtiger Ort für **Flaneure** und **Edelshopper**. Kein exklusives Design-Label der Welt, das nicht hier (oder in einer der Nebenstraßen) seine Ungarn-Niederlassung hat. Und wer einen Kaffee trinken oder gut essen möchte, ist hier ebenfalls richtig.

Unterpflasterbahn (Kisföldalatti)

Die 1896 eröffnete Unterpflasterbahn (offiziell „Metro 1") war die erste elektrische U-Bahn auf dem europäischen Kontinent und die weltweit dritte nach London und einer Versuchsstrecke in New York. Sie transportiert bis heute Besucher zum **Heldenplatz** **㉒**.

Die Bahn entstand in einer rekordverdächtigen Bauzeit von nur 21 Monaten, nachdem die Stadtverwaltung eine oberirdische Bahn auf der Andrássy út untersagt hatte. Es war Eile geboten, denn es musste eine große Zahl von Besuchern zu den **1000-Jahr-Feierlichkeiten** auf dem Heldenplatz transportiert werden. Auch heute noch ist die Unterpflasterbahn, die direkt unterhalb der Fahrbahndecke fährt, ein praktisches und beliebtes Verkehrsmittel. Die **Stationen** sind (bis auf die Umsteigestation Deák Ferenc tér und die nachträglich angefügten Halte Széchenyi fürdő und Mexikói út) im **Originalzustand** erhalten und sehr sehenswert. Wer sich auch für den Original-Fuhrpark interessiert, sollte das **U-Bahn-Museum** in der Unterführung am Deák Ferenc tér besuchen (geöffnet: Di.-So. 10-17 Uhr, Eintritt: 320 Ft).

036bp Abb.: gk

㉑ **Ungarische Staatsoper** ★★★   **[E4]**

Die Staatsoper ist das architektonische Juwel an der Andrássy út. Wer keine Gelegenheit hat, eine Vorstellung zu besuchen, kann tagsüber an Führungen durch das Gebäude teilnehmen.

Die 1875 bis 1884 erbaute Ungarische Staatsoper ist das schönste Gebäude der Andrássy út und gilt als Hauptwerk des damaligen Stararchitekten **Miklós Ybl.** Dieser verwendete vor allem Zitate der französischen **Renaissance** – wer sich also beim Anblick des Opernhauses an ein Pariser Stadtpalais oder an die Loire-Schlösser erinnert fühlt, liegt nicht ganz falsch. Kaiser Franz Joseph soll die Eröffnungspremiere wutentbrannt in der Pause verlassen haben, weil das Opernhaus schöner sei als die Wiener Staatsoper.

Auch musikalisch ist die Ungarische Staatsoper schon von jeher eines der **führenden Musiktheater Mitteleuropas.** Seinerzeit arbeiteten hier neben den bekanntesten ungarischen Musikern und Dirigenten beispielsweise auch Gustav Mahler und Otto Klemperer, beide übrigens

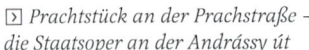
▷ *Prachtstück an der Prachstraße – die Staatsoper an der Andrássy út*

Verfallende Häuserfassaden

Warum werden die vielen Fassaden nicht renoviert? Diese Frage stellen sich Besucher häufig, wenn sie durch das Stadtzentrum schlendern. Tatsächlich sind manche der Wohnhäuser aus dem späten 19. Jahrhundert prächtig renoviert, andere wiederum **verfallen zusehends.** *Eine Systematik ist nicht zu erkennen, oft stehen nagelneu verputzte Fassaden direkt neben einsturzgefährdeten Bauten.*

Diese Entwicklung liegt in der **Eigentümerstruktur** *begründet. Ursprünglich gehörten die Häuser wohlhabenden Bürgern. Nach dem Zweiten Weltkrieg wurden die Gebäude von der kommunistischen Regierung verstaatlicht, die Bewohner mussten ausziehen und die Wohnungen wurden neu verteilt. Renoviert wurde nur in Ausnahmefällen. Nach der politischen Wende 1989 wurde* **Privateigentum** *wieder gestattet, Immobilien galten (und gelten bis heute) als erstrebenswertes Gut.*

Die Budapester Bezirksverwaltungen nutzten diesen Trend, um sich in den 1990er-Jahren praktisch ihres gesamten, inzwischen dringend renovierungsbedürftigen Wohnungsbestands zu entledigen: Sie verkauften die Wohnungen zu äußerst günstigen Preisen an die jeweiligen Bewohner. In den ehemaligen Mietshäusern wohnen nun mehrere Dutzend Eigentümer, die gemeinsam für die Instandhaltung des Gebäudes verantwortlich sind. Wenn das Geld nicht aufgebracht werden kann, finden Renovierungen ganz einfach nicht statt. Nicht wenige Treppenhäuser und Innenhöfe sind deshalb in lebensgefährlichem Zustand. Wo aber Renovierungen gelungen sind, können sich Bewohner und Besucher einer architektonischen Landschaft erfreuen, die ihresgleichen sucht.

als Generalmusikdirektoren. Heute sucht die Oper Wege, diesen Status auch in Zeiten knapperer Kassen aufrechtzuerhalten.

Die beste Möglichkeit, das Gebäude zu besichtigen, ist der Besuch einer Vorstellung. Karten sind an der Theaterkasse im Foyer erhältlich. Wer keine Gelegenheit dazu hat, kann die Oper auch im Rahmen einer Führung anschauen.

❯ Magyar Állami Operaház, VI. Andrássy út 22, U-Bahn M1, Bus 105 Opera, Tel. 8147225, www.opera.hu (für die Staatsoper), www.operavisit.hu (für Führungen), Führungen in deutscher Sprache täglich um 15 und 16 Uhr, Eintritt Führung: 2900 Ft, für Schüler und Studenten 1900 Ft

㉑ Pariser Kaufhaus ★★ [F4]

In dem **ehemaligen Kaufhaus** mit der sehenswerten **Jugendstilfassade** ist heute die **Buchhandlung Alexandra** ansässig. Das Gebäude selbst wurde in seiner heutigen Form 1911 unter dem Namen Párisi Nagy Áruház („Pariser Großwarenhaus") als seinerzeit modernstes und elegantestes Kaufhaus Budapests errichtet. Auf dem Dach konnte sich die Kundschaft sogar auf einer Aussichtsterrasse und einer Schlittschuhbahn die Zeit vertreiben. Nach dem Krieg wurde das traditionsreiche Haus in Divatcsarnok („Modehalle") umbenannt und diente bis 1999 als Warenhaus. Höhepunkt im Innern ist das BookCafé

(s. S. 33) im ersten Stock, eines der schönsten Cafés der Stadt.

❯ Párisi Nagyáruház, VI. Andrássy út 39, U-Bahn M1, Bus 105 Opera

🉂 Heldenplatz ★★★ [cf]

Endlich Luft! Der weitläufige Heldenplatz bildet den Abschluss und Höhepunkt der Andrássy út. Der Platz beeindruckt durch seine schiere Monumentalität und seine perfekt komponierte Symmetrie.

Ob die alten Magyaren nun tatsächlich genau im Jahr 896 auf dem Gebiet des heutigen Ungarn auftauchten, weiß eigentlich niemand genau. Da man aber organisatorisch 1896 für die 1000-Jahr-Feierlichkeiten bereit war, wurde dieses Jahr per Gesetz als das Jahr der ungarischen Landnahme festgelegt. Die große **Landesausstellung zum Millennium** fand ab Mai 1896 auf dem neu angelegten Heldenplatz und im dahinterliegenden Stadtwäldchen statt. Allerdings hatte es Verzögerungen beim Bau der Gebäude gegeben, sodass im Jubiläumsjahr lediglich die **Kunsthalle** (auf dem Heldenplatz von der Andrássy út gesehen rechts, s. S. 44) fertig war.

Einige Jahre später kamen noch das **Museum für Bildende Kunst** (links, s. S. 44) und das **Millenniums-Denkmal** in der Mitte des Platzes dazu. Letzteres fasst die Geschichte Ungarns zusammen. Unterhalb der 36 Meter hohen Säule sind die sieben Stammesführer der alten Magyaren als Reiter dargestellt, ihr Anführer Árpád steht vorne in der Mitte. Oben auf der Säule ist der Erzengel Gabriel zu sehen, der die ungarische Krone und das apostolische (Doppel-)Kreuz, das Zeichen des Papstes, in der Hand hält. Dies symbolisiert, dass die Gründung Ungarns

und die Annahme des Christentums Hand in Hand gingen. In den beiden Kolonnaden dahinter stehen die Statuen bedeutender ungarischer Könige, angefangen mit dem Staatsgründer St. Stephan ganz links. Ganz rechts sind vier siebenbürgische Fürsten und Lajos Kossuth, der Revolutionsführer von 1848, dargestellt. Diese fünf Statuen wurden in den 1950er-Jahren von den kommunistischen Machthabern aufgestellt. Zuvor waren dort Statuen der habsburgischen Herrscher zu sehen. Der Gedenkstein vor der Säule ist das „Grab des unbekannten Soldaten".

❯ Hősök tere, U-Bahn M1, Bus 105 Hősök tere

EXTRATIPP

Eislaufbahn

Das weiße, an ein kleines Schloss erinnernde Gebäude rechts hinter dem Heldenplatz ist nichts anderes als ein Umkleideraum. Es gehört zur dahinter gelegenen **größten Freiluft-Eislaufbahn Europas**. Die 1870 eröffnete Bahn gehört seither zu den beliebtesten Winterzielen der Budapester und ist mit seinem Schlittschuhverleih auch für auswärtige Besucher attraktiv. Im Sommer macht das Eis einem Teich Platz, auf dem **Ruderboote** gemietet werden können.

★143 [cf] **Városligeti Műjégpálya (Eislaufbahn)**, XIV. Olof Palme sétány 5, U-Bahn M1, Bus 105 Hősök tere, www.mujegpalya.hu, geöffnet: Mo.–So. 10–14 und 16–20 Uhr, Eintritt Eislaufen: 1000 Ft (Freitagnachmittag und Sa./So. 1300 Ft), Schlittschuhverleih: 600 Ft pro Stunde (zzgl. Kaution oder Abgabe eines Ausweises), Gebühr Ruderboote: 1500 Ft pro Stunde

O39bp Abb.: mt

㉓ Burg Vajdahunyad ★★ [cf]

Hinter der Eislaufbahn ist ein mittelalterlich anmutender Bergfried zu sehen. Er gehört zu einem Bau, dessen offiziellen Namen „Historische Gebäudegruppe" wahrscheinlich kein Budapester kennt. Zur Millenniums-Landesausstellung 1896 erhielt Architekt Ignác Alpár den Auftrag, ein Gebäude zu entwerfen, in dem **alle in Ungarn auffindbaren Baustile vereinigt** werden. Alpár ließ sich nicht lange bitten, sondern begann zu kopieren und zu erfinden, was das Zeug hielt. Am Ende hatte er es tatsächlich geschafft, ein seltsames Ensemble mit insgesamt 21 Versatzstücken aus Romanik, Gotik, Renaissance und Barock zu kreieren.

Ursprünglich nur als Holzpavillon für die Dauer der Ausstellung gedacht, war das Gebäude so beliebt, dass es 1904 bis 1908 aus Stein noch einmal erbaut wurde. Der markanteste Teil ist die Kopie des Bergfriedes der Burg Vajdahunyad (heute Hunedoara, Siebenbürgen), die der Anlage auch ihren allgemein geläufigen Namen gibt. Im barocken Teil befindet sich das Ungarische Landwirtschaftsmuseum. Eine anheimelnd-gruselige Stimmung verbreitet im Innenhof die **Statue des Anonymus.** Der namentlich unbekannte Chronist schuf im 13. Jahrhundert die Gesta Hungarorum, ein Werk über die Geschichte Ungarns. Bildhauer Miklós Ligeti stellt Anonymus als Mönch ohne Gesicht dar.

❯ **Vajdahunyad vára,** XIV. Vajdahunyad sétány, U-Bahn M1 Széchenyi fürdő, frei begehbar

◺ *Die Burg Vajdahunyad – das „Disneyland" der ungarischen Architektur*

Leopoldstadt (Lipótváros)

Die Leopoldstadt bildet den nördlichen Teil des V. Bezirks und ist das klassische Behörden- und Bankenviertel der Stadt. Die geraden, rechteckig angeordneten Straßen werden von repräsentativen Prunkbauten gesäumt. Einige der beliebtesten Sehenswürdigkeiten der Stadt sind hier zu finden, darunter die Basilika und das Parlament.

㉔ Széchenyi István tér ★★ [D4]

Der Széchenyi István tér auf der Pester Seite der Kettenbrücke war bis zu Beginn des 20. Jahrhunderts der Platz für die Lagerung der gelöschten Ladung der Donau-Handelsschiffe. Bis 2011 war er nach dem amerikanischen Präsidenten Franklin D. Roosevelt benannt. Bestimmendes Element des ovalen, stark befahrenen Platzes ist das **Gresham-Palais** (V. Széchenyi István tér 4–6). Das sehenswerte Jugendstilgebäude steht direkt in der Achse der Kettenbrücke und des Burgtunnels und war ursprünglich der Budapester Sitz der englischen Versicherungsgesellschaft Gresham. Nach einem tristen Dasein als Mietshaus mit Sozialwohnungen wurde das Palais 2004 als Fünfsternehotel wiedereröffnet.

Rechts neben dem Hotel erhebt sich das strenge **Gebäude des Innenministeriums** (V. József Attila u. 2–4). An der nördlichen Stirnseite des Platzes steht das Hauptgebäude der **Ungarischen Akademie der Wissenschaften** (V. Széchenyi István tér 9), ein Werk des Berliner Architekten Friedrich August Stüler (1864).

› Straßenbahn 2, Bus 16 und 105 Széchenyi István tér

㉕ St.-Stephans-Basilika ★★★ [E4]

Die größte Kirche der Stadt steht ganz im Zeichen des ungarischen Staatsgründers. St. Stephan ist nicht nur auf Gemälden und als Statue präsent, in einer kleinen Nebenkapelle wird sogar sein rechter Mittelhandknochen aufbewahrt.

Die Basilika, wie sie von den Budapestern schlicht genannt wird, hat eine ungewöhnlich lange Baugeschichte hinter sich. Die Planungen begannen bereits 1846 unter Leitung eines der bekanntesten Architekten der Zeit, **József Hild**, mussten jedoch wegen der Revolution 1848 unterbrochen werden. Der erste Spatenstich erfolgte 1851. Die große Kuppel stand bereits, als Hild 1867 verstarb. Es übernahm der spätere Opernhausarchitekt **Miklós Ybl**, der bei der Begehung des Rohbaus verdächtige Risse im Mauerwerk bemerkte. Er ließ die Arbeiten einstellen, die Baustelle rund um die Uhr bewachen, und tatsächlich: Acht Tage später, am 22. Januar 1868, **stürzte die gewaltige Konstruktion ein.** Ybl musste von vorn beginnen, allein die Aufräumarbeiten dauerten drei Jahre lang. Auch Ybl sollte das Werk nicht vollendet sehen. Er starb 1891, die Basilika war damals noch immer im Bau und wurde erst 1905 unter Leitung von **József Kauser**, der erst zwei Jahre nach dem Planungsbeginn 1846 geboren worden war, fertig.

Im **Innenraum** fällt zunächst auf, dass die „Beleuchtung" der Kirche fast vollständig durch Tageslicht erfolgt – nur an dunklen Tagen wird elektrisches Licht eingeschaltet. Die aus weißem Carrara-Marmor gefertig-

038bp Abb.: mt

te **Skulptur des Hochaltars** zeigt den Staatsgründer St. Stephan. Auf den **bronzenen Reliefs** im Chor sind Szenen aus dem Leben des ersten ungarischen Königs zu sehen. Unter den **Seitenaltären** ist besonders der südliche, rechts vom Eingang gelegene sehenswert. Sein von Gyula Benczúr gemaltes Altarbild zeigt St. Stephan, wie er Maria die ungarische Krone anempfiehlt.

In einem Nebenraum hinten links ist die wichtigste **Reliquie** der katholischen Kirche Ungarns zu sehen: die sogenannte „Heilige Rechte", ein Stück des mumifizierten Mittelhandknochens von St. Stephan. Die Reliquie wird in einem sehenswerten silbernen Schrein aufbewahrt, der nach Münzeinwurf feierlich beleuchtet wird (der Raumwärter hilft mit Wechselgeld). Einmal im Jahr, am 20. August, wird die Reliquie in einer feierlichen Prozession durch die Stadt getragen. Im Jahr 2006 wurde übrigens der legendäre ungarische Fußballer **Ferenc Puskás** in der Krypta der Basilika bestattet.

Ein weiteres Highlight der Kirche ist die **Aussichtsplattform** auf der Kuppel. Bei schönem Wetter lohnt sich

der Aufstieg (der zum Teil per Fahrstuhl bewältigt werden kann) zu einem der raren Aussichtspunkte auf der Pester Seite. Von hier aus hat man das Budaer Burgviertel direkt „auf Augenhöhe".

❯ **Szent István-bazilika,** V. Szent István tér 1, U-Bahn M1, Bus 105 Bajcsy-Zsilinszky út, www.basilica.hu, Kirchenbesichtigung: Mo.–Fr. 9–17 Uhr, Sa. 9–13 Uhr, So. 13–17 Uhr, Aussichtsplattform: Mo.–So. 10–18.30 Uhr (15. März–30. Juni und 1. Oktober–15. November nur bis 16.30 Uhr), Eintritt Kirche: 200 Ft, Eintritt Aussichtsplattform: 500 Ft

❷❻ Szabadság tér ★★　　　　[D4]

Der 43.000 m² große Platz entstand 1898 im Zuge des Abrisses einer österreichischen Kaserne und wurde im Gegensatz zu den Gepflogenheiten jener Zeit nicht gleich wieder zugebaut. Die Westseite wird vom 1905 erbauten, ehemaligen **Börsenpalast** (V. Szabadság tér 17) eingenommen. Der Bau diente seit 1955 als Hauptgebäude des öffentlich-rechtlichen Fernsehens. 2009 zog das Fernsehen in eigens errichtete, zeitgemäße Studios am Stadtrand, das Gebäude gehört seitdem einem Investor, steht aber leer. Schräg gegenüber erhebt sich das Hauptgebäude der **Ungarischen Nationalbank** (V. Szabadság tér 8–9), das ebenso wie der Börsenpalast vom Architekten Ignác Alpár gestaltet wurde. Die Ähnlichkeit der beiden zeitgleich errichteten Bauten fällt sofort ins Auge. Die beiden ehemaligen Mietshäuser links neben der Nationalbank werden von der amerikanischen Botschaft eingenommen.

◁ *Die imposante Basilika ist die größte Kirche der Stadt*

Umstritten ist das **sowjetische Eh-renmal** in der Mitte des Platzes. Es wurde 1946 aufgestellt und ist heute das einzige am Originalstandort verbliebene explizit kommunistische Denkmal der Stadt. Dies liegt daran, dass angeblich gefallene sowjetische Soldaten unter dem Denkmal bestattet sein sollen. Aus diesem Grund wird es wohl auch an seinem Platz bleiben, obwohl konservative Kreise seine Entfernung fordern. Um das Ehrenmal vor politisch motivierten Beschädigungen zu schützen, wurde es mit einem Zaun umgeben. Gewissermaßen als Gegenstück zum Ehrenmal wurde 2011 links dahinter eine Statue des früheren amerikanischen Präsidenten **Ronald Reagan** aufgestellt.

❯ Bus 15/115 Hold utca (in Richtung Lehel tér/Árpád híd) bzw. Széchenyi utca (in Richtung Boráros tér)

㉗ Postsparkasse ★★ [D3]

Das ehemalige Gebäude der Postsparkasse ist eines der schönsten Beispiele für den *style hongrois,* der vom Architekten **Ödön Lechner** geprägten, eigentümlich ungarischen Spielart des Jugendstils. Man sieht auf der Fassade sehr schön die der ungarischen Folklore entnommenen typischen **Blumenmuster.** Bemerkenswert sind das **bunte Dach** aus Zsolnay-Pyrogranit und die **gelben Verzierungen** mit Bienen- und Bienenkorb-Motiven, die die Emsigkeit und das Sparen symbolisieren. Heute gehört das Gebäude zur benachbarten Nationalbank und ist nicht öffentlich zugänglich.

❯ Postatakarékpénztár, V. Hold u. 4, Bus 15/115 Hold utca (in Richtung Lehel tér/Árpád híd) bzw. Széchenyi utca (in Richtung Boráros tér), keine Innenbesichtigung möglich

㉘ Haus des ungarischen Jugendstils ★★ [D3]

Das 1903 von Emil Vidor erbaute Haus ist sehr ungewöhnlich für Ungarn, verzichtet es doch im Gegensatz zu Ödön Lechners Bauten, etwa der benachbarten Postsparkasse ㉗, auf ungarische Motive und zeigt stattdessen eine starke Verwandtschaft zum **internationalen Jugendstil.** Wer beispielsweise beim Anblick der lustigen Orangenbäume und Sonnenblumen auf der Fassade an den großen katalanischen Architekten Antoní Gaudí denkt, liegt sicherlich nicht ganz falsch.

2007 wurde das baufällige Haus vom Bauunternehmer **Tivadar Vad** renoviert und in den Originalzustand versetzt. Als Gegenleistung erhielt Jugendstil-Fan Vad die Räume im Erdgeschoss, wo er seither seine beträchtliche **Sammlung von Jugendstilmöbeln und -gegenständen** ausstellt. Das kleine, private Museum erinnert ein wenig an ein Möbellager, bietet Interessierten aber dennoch einen umfassenden Überblick über die Gebrauchsgegenstände jener Zeit. In dem kleinen Café kann man eine Ruhepause auf originalen Jugendstilmöbeln genießen.

❯ **Magyar Szecesszió Háza**, V. Honvéd u. 3, U-Bahn M2, Straßenbahn 2, Bus 15/115, Obus 70 und 78 Kossuth Lajos tér, www.magyarszecessziohaza.hu, geöffnet: Mo.–Sa. 10–17 Uhr, Eintritt: 1500 Ft, für Schüler und Rentner 1000 Ft

◱ *Das Parlamentsgebäude steht nah am Wasser und wird im Untergrund von Tausenden Holzpfählen gestützt*

㉙ Parlament ★★★   **[D3]**

*Das mächtige Bauwerk am Donau-
ufer ist nicht nur das größte Gebäude
Ungarns, sondern zugleich der Höhe-
punkt der historistischen Architektur
Budapests. Unter der Kuppel sind die
Krönungsinsignien der ungarischen
Könige zu bewundern.*

Als Ungarn 1867 weitgehende Au-
tonomie von Österreich erlangte, reg-
te sich der Wunsch nach einem eigenen Parlamentsgebäude. Bis dahin hatte das Parlament im Gebäude
des Nationalmuseums **⑰** am Kleinen
Ring getagt. Ein Wettbewerb wurde
ausgelobt, den **Imre Steindl** gewann.

Die Bauarbeiten begannen 1885
und endeten 1904. Allerdings gefie-
len der Jury auch der zweit- und der
drittplatzierte Entwurf so gut, dass
beide in kleinerem Maßstab auf der
gegenüberliegenden Seite des Kossuth Lajos tér verwirklicht wurden.
Sie beherbergen heute das **Völker-
kundemuseum** (links, V. Kossuth Lajos tér 12) und das **Landwirtschafts-
ministerium** (rechts, V. Kossuth Lajos
tér 11).

Das **Parlamentsgebäude** besticht
zunächst durch seine schiere Größe. Es ist 268 Meter lang, 123 Meter breit und 96 Meter hoch, hat 691
Räume, 27 Eingänge und 20 Kilometer Treppen. Es besteht – im Sinne einer staatlichen Vorgabe – ausschließlich aus **ungarischen Materialien,** die
einzige Ausnahme bilden acht Mar-
morsäulen neben der Haupttreppe,
die aus Schweden importiert wurden.

Das Gebäude ist innen wie außen
völlig symmetrisch, da das ungarische Parlament seinerzeit zwei Kam-
mern hatte. Heute gibt es nur noch
eine Parlamentskammer, der nördli-
che Teil des Gebäudes wird für Kon-
ferenzen und für die öffentlichen Be-
sichtigungen genutzt.

Im **Innenraum** fällt die überbor-
dend reichhaltige Dekoration mit
über 150 Statuen und großen Mengen Blattgold auf. Unter der Kuppel
werden seit dem Jahr 2000 die ungarischen Krönungsinsignien, allen voran die sogenannte **Heilige Krone,** aufbewahrt; zuvor waren sie im Nationalmuseum zu sehen. Die Krone stammt
teilweise aus dem 11. Jahrhundert
und hat eine bewegte Geschichte
hinter sich. Mehrfach wurde sie versteckt, gestohlen oder außer Landes
gebracht, zuletzt nach dem Zweiten
Weltkrieg, als sie über Salzburg in die
USA gelangte. 1978 brachte US-Au-
ßenminister Cyrus Vance die Krone
nach Ungarn zurück.

039bp Abb.: gk

O4Oöp Abb.: mt

Das Parlament kann nur im Rahmen eines geführten, für EU-Bürger kostenlosen Rundgangs besichtigt werden. Die Karten werden am Eingang X. des Parlaments, rechts von der großen Freitreppe gelöst. Es lohnt sich, die Karten schon im Voraus vor Ort zu kaufen oder unter der E-Mail-Adresse tourist.office@parlament.hu zu bestellen, da die Führungen oftmals ausverkauft sind.

> **Parlament**, V. Kossuth Lajos tér 1–3, U-Bahn M2, Straßenbahn 2, Bus 15/115, Obus 70 und 78 Kossuth Lajos tér, www.parlament.hu, Führungen: Mo.–Sa. 11 und 15 Uhr, So. 11 Uhr (deutsch), Mo.–So. 10, 12 und 14 Uhr (englisch), Eintritt: für EU-Bürger kostenlos, für andere 3500 Ft (Schüler und Studenten 1750 Ft)

30 Holocaust-Mahnmal ★★★ [C4]

Eines der wohl bewegendsten Holocaust-Mahnmale der Welt steht unscheinbar unterhalb des Parlaments am Donauufer.

Während des Zweiten Weltkriegs wurden viele Budapester Juden ermordet, in dem sie einfach am Donauufer hinterrücks erschossen wurden, sodass die Leichen ins Wasser fielen und von der Strömung fortgespült wurden. 2005 wurde am Ufer etwas südlich unterhalb des Parlaments ein **Denkmal** für die Opfer enthüllt. Der Dichter, Filmregisseur und Schauspieler Can Togay (heute Di-

▢ *Bei der Ausgestaltung des Parlaments spielte Geld keine Rolle*

rektor des Collegium Hungaricum in Berlin) und der Bildhauer Gyula Pauer schufen ein Monument, das an Einfachheit und Direktheit kaum zu überbieten ist: Mehrere Dutzend **Schuhe aus Gusseisen** erinnern an die Männer, Frauen und Kinder, die vor ihrer Erschießung noch ihre Schuhe ausziehen mussten.

❭ **Holokauszt-emlékmű**, V. ld. Antall József rkp., U-Bahn M2, Straßenbahn 2, Bus 15/115, Obus 70 und 78 Kossuth Lajos tér, ganztägig frei zugänglich

Großer Ring (Nagykörút)

Der Große Ring, der unter verschiedenen Straßennamen das Stadtzentrum Pests umrundet, ist für die Einheimischen die traditionelle „Hauptstraße" der Stadt mit Geschäften, Kinos und Restaurants. Der Bau der Ringstraße begann 1872 und dauerte bis 1906. Unter der Straße verlief zuvor ein Seitenarm der Donau, der den ursprünglichen Plänen zufolge als Kanal in die neue Ringstraße integriert werden

sollte. Hätte nicht am Ende das Geld hierfür gefehlt, würde Budapest heute ein wenig an Amsterdam erinnern. Möglicherweise ist die Straßenbahn 4/6, die heute anstelle des Kanals in der Mitte der Straße entlanggleitet, aber letzten Endes nützlicher …

Zeitgleich zum Ausbau der Ringstraße wurden auch die angrenzenden Grundstücke bebaut. Es entstanden die für Budapest typischen, repräsentativen Mietshäuser im eklektisch-historistischen Stil. Da sich hier oft Ladengeschäfte in den Innenhöfen befinden, sind die Häuser im Gegensatz zu ihren Pendants in den Nebenstraßen tagsüber zugänglich. Es lohnt sich, einen Blick in die prächtig verzierten Innenhöfe und Treppenhäuser zu werfen und die besondere, intime Stimmung dieser Orte einzufangen.

▽ *Gusseiserne Schuhe am Ufer der Donau – ein Denkmal für die Opfer des Holocaust*

041bp Abb.: © Klaus Eppele/fotolia.com

③① Lustspielhaus ★ [D2]

Das Lustspielhaus ist eins der führenden **Sprechtheater** der Stadt und es werden nicht nur Komödien gespielt. Der sehenswerte Bau entstand im Millenniumsjahr 1896 nach den Plänen der Wiener Architekten **Fellner & Helmer,** die um 1900 den gesamten deutschen Sprachraum und die Donaumonarchie mit ihren typischen Theaterbauten geradezu „vollstellten". Eine kleine Auswahl der Fellner-&-Helmer-Theater zwecks Wiedererkennung: Komische Oper Berlin, Volkstheater, Konzerthaus und Ronacher in Wien, Zürcher Opernhaus, Deutsches Schauspielhaus Hamburg, Landestheater Salzburg, Opernhaus Graz, Stadttheater in Fürth, Gießen und Klagenfurt und so weiter und so fort ... Falls in Ihrer Stadt kein „Fellner & Helmer" steht, lohnt es sich auf jeden Fall, sich das Lustspielhaus anzuschauen. Allerdings nur von außen, da die Vorstellungen ausnahmslos auf Ungarisch laufen und sich eine Innenbesichtigung im Rahmen einer Aufführung daher für die meisten Besucher aus dem deutschen Sprachraum wohl erübrigt.

❯ **Vígszínház,** XIII. Szent István krt. 14, Bus 15/115 Szent István körút, www.vigszinhaz.hu

③② Westbahnhof ★ [E2]

Der Westbahnhof wurde als einer der drei großen Budapester Kopfbahnhöfe 1877 erbaut. Für die **imposante Eisenkonstruktion** der Halle zeichnete ein gewisser **Gustave Eiffel** aus Frankreich verantwortlich, der einige Jahre später in Paris einen bekannten Turm bauen sollte. Sehenswert sind auch die etwas heruntergekommene, holzvertäfelte **Schalterhalle** und das **McDonald's-Restaurant** in der toll renovierten ehemaligen Bahnhofsgaststätte – wohl eines der schönsten Schnellrestaurants der Welt.

❯ **Nyugati pályaudvar,** VI. Teréz krt. 55–57, U-Bahn M3, Straßenbahn 4/6, Bus 26, 91, 109, 191, 206 und 291, Obus 72 und 73 Nyugati pályaudvar

③③ Palais New York ★ [G5]

Im Palais New York war einst eines der berühmtesten Budapester **Künstlercafés** beheimatet. Das Café New York wurde kurz nach Fertigstellung des Gebäudes 1895 eröffnet und war bis in die 1930er-Jahre hinein eines der Zentren der Budapester Intellektuellen. Das ursprüngliche, **neobarock überladene Interieur** wurde liebevoll restauriert und ist heute noch zu erleben. Das Gebäude und mit ihm das Café werden inzwischen als Fünfsternehotel genutzt, die neuen Eigentümer ließen es sich leider nicht nehmen, die historischen Räume mit zeitgenössischen Designermöbeln zu bestücken.

❯ **New York-palota,** VII. Erzsébet krt. 9–11, U-Bahn M2, Straßenbahn 4/6, Bus 5, 7, 7E, 8, 173, 173E und 178 Blaha Lujza tér

③④ Museum für Angewandte Kunst ★★ [G8]

Das 1896 eröffnete Museum ist eines der schönsten Beispiele für die **ungarische Spielart des Jugendstils,** den von Ödön Lechner entwickelten *style hongrois.* Der Bau ähnelt dem Postsparkassengebäude ㉗, ist jedoch noch schmuckvoller und durch die weniger bebaute Umgebung auch besser zu sehen. Neben der markanten Kuppel fallen die von den Mustern traditioneller ungarischer Stickereien inspirierten Verzierungen auf. Einen interessanten Kontrast bildet

042bp Abb.: mt

der helle, glasüberdachte Innenraum. Die Dauerausstellung des Museums zeigt **Gebrauchsgegenstände** aus der **Geschichte des Designs.** Von besonderer Bedeutung sind die Möbel- und die Porzellansammlung. Zudem gibt es interessante Wechselausstellungen. In den kommenden Jahren soll das Museum behutsam saniert und um einen gläsernen Anbau (an der Stelle eines geplanten, aber nie fertiggestellten Flügels an der Rückseite des Gebäudes) erweitert werden.

❯ **Iparművészeti Múzeum**, IX. Üllői út 33–37, U-Bahn M3, Straßenbahn 4/6 Corvin-negyed, www.imm.hu, Museum geöffnet: Di.–So. 10–18 Uhr, Eintritt: 2500 Ft, von 6–26 und 62–70 Jahre 1250 Ft, ab 70 Jahre frei

⌃ Fünf Sterne, tausend Lichter: das Palais New York ist heute ein Luxushotel

Baross utca – die Straße der Handwerker

Die Baross utca [F/G7] ist dem touristischen Mainstream fast gänzlich unbekannt. Die Hauptstraße des einst gehoben bürgerlichen VIII. Bezirks ist einer der letzten Orte im Stadtzentrum, wo man **aussterbende Handwerksberufe „live" beobachten** kann. Auf dem Abschnitt zwischen der vom Großen Ring aus sichtbaren gelben, zweitürmigen St.-Josephs-Kirche und dem Kálvária tér reihen sich die Geschäfte von Polsterern, Hutmachern und Schneidern aneinander. Ein Spaziergang lässt den Besucher in das besondere Lokalkolorit des Viertels und eine vergangen geglaubte Zeit eintauchen. Und wer in einer der Werkstätten den Inhaber antrifft, darf ihm sicher einmal über die Schulter schauen oder ihn nach Details seiner Tätigkeit fragen – in Zeiten internationaler Handelsketten haben die Meister in der Baross utca immer mehr Zeit. Vom Kálvária tér geht es mit den Buslinien 9/109 und 83 ins Stadtzentrum zurück.

Roma in Ungarn

Unter den 13 gesetzlich anerkannten Minderheiten Ungarns bilden die Roma die größte Gruppe. Schätzungen zufolge leben bis zu 700.000 Roma im Land. Sie selbst nennen sich **„Zigeuner"** **(„cigányok")**, was im Ungarischen auch von Nicht-Roma ohne abwertenden Unterton gebraucht wird. Im übrigen ist der im Deutschen übliche Terminus „Roma" auch ziemlich ungenau. In Ungarn teilen sich die Zigeuner in drei deutlich unterschiedliche Völker auf: Die ungarischsprachigen **Romungros** („ungarische Zigeuner") sind die mit Abstand größte Volksgruppe, gefolgt von den „echten" **Roma,** die traditionell Romani sprechen, und den **„beás",** die im Südwesten des Landes leben und deren ursprüngliche Sprache ein archaischer Dialekt des Rumänischen ist.

Die mutmaßlich aus Indien stammenden Zigeuner sind schon seit vielen Jahrhunderten in Ungarn ansässig, seit Ende des 15. Jahrhunderts gibt es Darstellungen von professionellen **Zigeunermusikern.** Andere zogen als **Kesselflicker, Scherenschleifer** und **Korbflechter** durchs Land. Durch diese Berufe hatten sie eine wichtige Rolle in der Gesellschaft, waren aber durch ihre **nomadische Lebensweise** stets am Rand und blieben unter sich. Auf der anderen Seite entstanden zahlreiche Legenden um dieses Volk, das man nicht einordnen konnte und das auf die „weißen" Ungarn immer ein wenig gefährlich und faszinierend zugleich wirkte.

Das 20. Jahrhundert brachte **dramatische Veränderungen** für die Zigeuner. Zum einen zwang man sie, sesshaft zu werden, und zum anderen wurden ihre traditionellen Berufe durch die Industrialisierung überflüssig. Diese Entwicklungen ließen sie in unfassbarer Armut in Behelfssiedlungen an den Rändern der Städte und Dörfer vegetieren. Während in den Jahrzehnten des Sozialismus viele Roma immerhin als ungelernte Land- oder Fabrikarbeiter beschäftigt werden konnten, fielen diese Jobs nach der Wende ersatzlos weg. Heute leben bereits mehrere Generationen von Roma, die nie erlebt haben, dass jemand aus ihrer Familie arbeiten geht. Dies sorgt für gravierende soziale Probleme, insbesondere im Nordosten Ungarns, dem Siedlungsschwerpunkt der Roma. Gut gemeinte **staatliche Hilfsprogramme** blieben bislang wirkungslos. Als wäre dies nicht schon genug, sind Roma oft Zielscheibe **rassistischer Äußerungen** oder gar **Gewalt:** Die Frustration über die eigene prekäre Situation entlädt sich bei vielen „Weißen" im Hass gegen die Zigeuner, die anders aussehen und nach anderen Werten leben.

In Budapest sind Zigeuner traditionell im VIII. Bezirk ansässig. Viele von ihnen entstammen bekannten **Musikerdynastien.** Wer einen Spaziergang durch das Viertel zwischen József körút, Népszínház utca und Baross utca unternimmt, wird mit etwas Glück durch ein geöffnetes Fenster die Übungsstunde eines „prímás" (s. S. 23) hören. Diejenigen Roma jedoch, die nicht das Glück hatten, „mit einer Geige in der Hand geboren zu sein", fristen auch hier in der Großstadt oftmals ein Dasein in bitterer Armut und Aussichtslosigkeit.

Entdeckungen außerhalb des Zentrums

🟥 Ostbahnhof ★   [cg]

Am 1884 eröffneten Ostbahnhof kommen die Züge aus dem deutschen Sprachraum an. Der gewaltige Bahnhofsbau war einer der größten und schönsten Bahnhöfe seiner Zeit. Heute kann man in der renovierten, mit **Gold und Fresken geschmückten** nördlichen Seitenhalle den einstigen Glanz wieder nachvollziehen. An der Frontfassade sind die überlebensgroßen Statuen der britischen Eisenbahnpioniere James Watt und George Stephenson zu sehen.

❯ **Keleti pályaudvar**, VIII. Baross tér, U-Bahn M2, Bus 5, 7, 7E, 173, 173E, 178 Keleti pályaudvar

☐ *Konfliktstoff aus Holz und Stein: das Nationaltheater sorgt für Kontroversen*

🟥 Millennium-Kulturzentrum ★★   [ci]

Auf einem ehemaligen Industrieareal südlich des Stadtzentrums ist im ersten Jahrzehnt des 21. Jahrhunderts das inzwischen bedeutendste Kulturzentrum Budapests entstanden. Es besteht aus zwei auch an sich sehenswerten Gebäuden, dem Nationaltheater und dem Palast der Künste.

Das **Nationaltheater** (Nemzeti Színház, Stücke nur in ungarischer Sprache) sorgte im Vorfeld seiner Errichtung 2002 für einen handfesten Eklat. Die Pläne für ein Nationaltheater waren bereits Jahre zuvor im Rahmen eines internationalen Wettbewerbs von einer hochkarätig besetzten Jury ausgewählt worden, das Fundament am Deák Ferenc tér in der Innenstadt schon betoniert, als es 1998 zum Re-

043bp Abb.: mt

gierungswechsel kam. Der neu ins Amt gewählte Viktor Orbán ließ kurzerhand die Vorbereitungen stoppen und verfügte, dass das Nationaltheater an seinem heutigen Standort gebaut werden müsse. Mit dem Entwurf beauftragte er die Architektin Mária Siklós, an deren Entwurf sich seither die Geister scheiden. Kritiker monieren die unreflektierte Verwendung von Stilelementen der historischen Budapester Architektur, andere hingegen erfreuen sich an der schiffartigen Konstruktion des Theaters und den Statuen berühmter ungarischer Schauspieler vor dem Haupteingang.

Der gegenüberliegende **Palast der Künste** (Művészetek Palotája, s. S. 42) sorgte dagegen bei seiner Eröffnung 2005 für einhelligen Beifall bei Kunst- und Kulturfreunden. Der Bau beherbergt eine hochmoderne Konzerthalle mit 1700 Plätzen und das **Museum Ludwig** (s. S. 44), einen wichtigen Ausstellungsort für moderne Kunst.

> **Millenniumi Kulturális Központ**, IX. Komor Marcell u., Straßenbahn 2 und 24 Millenniumi Kulturális Központ

㊲ Memento Park ★★★

Das wohl außergewöhnlichste Museum der Stadt versammelt die von ihren Originalstandorten entfernten kommunistischen Statuen.

Im Gegensatz zu den meisten anderen ehemals sozialistischen Staaten und Städten wurden in Budapest die zahlreichen propagandistischen Statuen nach der Wende nicht eingeschmolzen. Die Budapester Stadtverwaltung erkannte einerseits die **Bedeutung** der Skulpturen als Zeugen einer nie mehr wiederkehrenden Zeit und andererseits den **künstlerischen Wert** vieler Werke, unabhängig

vom dargestellten Sujet. Die einzigartige **Freiluftausstellung** schafft es, die rund 50 Statuen auf würdige Weise und dennoch in dem Bewusstsein zu zeigen, dass es sich um Symbole einer mörderischen Diktatur handelt. Eine extrem sehenswerte Ausstellung, die die Anfahrt lohnt. Achtung: Die Statuen befinden sich allesamt unter freiem Himmel, eine Überdachung gibt es nicht.

> XXII. Balatoni út/Ecke Szabadkai út, Bus 150 Memento Park (Abfahrt von der Haltestelle Újbuda-központ, die mit den Straßenbahnen 4, 41 und 47 erreichbar ist, Fahrzeit ca. 30 Minuten, Abfahrt werktags alle 20 Minuten, am Wochenende alle 30 Minuten) oder Shuttlebus vom Deák Ferenc tér täglich um 11 Uhr (im Juli und im August auch um 15 Uhr, Fahrpreis 4500 Ft inkl. Eintrittskarte), Tel. 4247500, www.mementopark.hu, geöffnet: Mo.–So. 10 Uhr bis Anbruch der Dunkelheit, Eintritt: 1500 Ft, Schüler 1000 Ft, Kinder unter 14 Jahren 300 Ft

㊳ Schloss Gödöllő ★★

Das im Vorort Gödöllő gelegene **Barockschloss** ist vor allem für Fans von **Kaiserin und Königin Elisabeth** ein Muss. „Sissi" verbrachte viel Zeit in Gödöllő, wo sie in ihrem geliebten Ungarn sein konnte und ihre Ruhe vor dem Wiener Hofstaat hatte. Das über lange Jahrzehnte von der sowjetischen Armee heruntergewirtschaftete, inzwischen toll renovierte Schloss ist zu einem Teil mit dem ursprünglichen Barockinventar und zu einem anderen Teil mit dem Mobiliar Elisabeths und Franz Josephs eingerichtet. Auf dem Rundgang durch die Ausstellung erfährt man vieles über die Lebensweise des kaiserlichen Paars. Sehenswert sind auch der Schlosspark und das Barocktheater.

044bp Abb.: © Posztós János/fotolia.com

❯ **Gödöllői Királyi Kastély,** Gödöllő, Ady Endre sétány, HÉV H8 Gödöllő Szabadság tér (Abfahrt vom Örs vezér tere, Endstation der U-Bahn M2, Fahrzeit ca. 45 Minuten, Abfahrt werktags alle 15 Minuten, am Wochenende alle 30 Minuten), Tel. +36 28410124, www.kiralyikastely.hu, geöffnet: Mo.–So. 10–18 Uhr (von Ende November bis Ende März nur bis 17 Uhr), Eintritt: 2000 Ft

㉟ Szentendre ★★★

Das kleine Barockstädtchen ist eines der Highlights des nördlich von Budapest gelegenen Donauknies. Die schmucken Häuschen und die grazilen Kirchtürme fügen sich harmonisch in die malerische Landschaft ein.

Wer mehr als nur einen oder zwei Tage in Budapest verbringt, sollte Szentendre auf jeden Fall gesehen haben. Die kleine, gut erreichbare Stadt ist einer der wenigen Orte in Ungarn, an denen die städtebauliche Euphorie des späten 19. Jahrhunderts nahezu spurlos vorübergegangen ist. Die Altstadt mit ihren **verwinkelten Gassen, lauschigen Plätzen** und **schmalen Treppen** konnte sich die Atmosphäre des Barock hervorragend erhalten.

Die Geschichte des heutigen Szentendre beginnt gegen Ende des 17. Jahrhunderts, als vor den Osmanen fliehende **Serben** sich im bereits befreiten Ungarn ansiedelten. Nach Szentendre kamen Menschen aus insgesamt sieben Städten und Gemeinden in Serbien. Da sie sich nicht einigen konnten, baute jede Gemeinschaft ihre eigene Kirche, sodass die kleine Stadt bis heute **sieben Kirchen** ihr Eigen nennt. Über ein Jahrhundert

▱ *Das Schloss Gödöllő ist nicht nur für Romantiker einen Ausflug wert*

Entdeckungen außerhalb des Zentrums

später kehrten viele Serben nach Hause zurück. Einige blieben jedoch und machten Szentendre zum Zentrum der serbisch-orthodoxen Kirche in Ungarn. Bis heute ist die Stadt Sitz eines serbisch-orthodoxen Bischofs.

In den 1920er-Jahren entdeckten **Künstler** den verschlafenen Ort an der Donau und gründeten eine bis heute bestehende Künstlerkolonie. Von dieser Tradition zeugen die zahlreichen kleinen **Museen** und **Galerien** im Ort.

Eine Erkundungstour verläuft am besten von der HÉV-Station geradeaus über die Hauptstraße (Kossuth Lajos utca, später als Fußgängerzone Dumtsa Jenő utca), die in den Hauptplatz (Fő tér) mit seinen reich verzierten Barockhäusern mündet. Unterwegs laden die Galerien und Geschäfte in den Innenhöfen auf einen Schaufensterbummel ein. Vom Hauptplatz geht es entweder weiter geradeaus, rechts hinunter zur Donau oder links hinauf auf den kleinen Hügel mit der **serbischen Kathedrale**. Die kleine Kirche trägt ihren imposanten Titel, weil sie als Sitz des orthodoxen Bischofs dient. Sie ist sehr sehenswert, ebenso wie das angehängte, **kirchengeschichtliche Museum**. Auch die **Blagowestenska-Kirche** mit ihrer Rokoko-Ikonostase auf dem Hauptplatz ist einen Blick wert. Beide Kirchen kosten ein paar Hundert Forint Eintritt.

Nach den Kirchenbesichtigungen lohnt sich ein Spaziergang durch die engen Gassen des langgestreckten Ortes, wo man immer wieder auf **versteckte Gärten** und **wunderschöne kleine Plätze** stößt. Zum Ausklang kann man in einem Café am Donauufer einkehren. Einziger Wermutstropfen an Szentendre ist, dass der Ort an Wochenenden mit schönem Wetter sehr überlaufen ist.

❯ HÉV H5 Szentendre (Abfahrt ab Batthyány tér alle 20–30 Minuten, Fahrzeit ca. 40 Minuten) oder von April bis September mit dem Schiff (Abfahrt ab Vigadó tér, Fahrzeit Budapest – Szentendre 90 Minuten, Szentendre – Budapest 60 Minuten, Fahrpreis: 1590 Ft für eine einfache Fahrt, 2390 Ft hin und zurück, weitere Infos unter: www.mahartpassnave.hu)

❯ **Kirchengeschichtliches Museum,** Pátriárka u. 5, geöffnet: 1. Mai–30. September Di.–So. 10–18 Uhr, 1. Oktober–31. Dezember und 1. März–30. April Di.–So. 10–16 Uhr, 1. Januar–28. Februar Fr.–So. 10–16 Uhr

Praktische Reisetipps

045bp Abb.: mt

An- und Rückreise

Mit dem Flugzeug

Der Budapester **Flughafen Franz Liszt** (Liszt Ferenc Nemzetközi Repülőtér, im alltäglichen Sprachgebrauch oft Ferihegy) liegt etwa 25 Kilometer südöstlich des Stadtzentrums. Er wird aus dem deutschen Sprachraum von den Fluggesellschaften Air Berlin, Austrian Airlines, Easyjet, Germanwings, Lufthansa, Ryanair, Swiss und Wizz Air angeflogen.

Die schnellste und bequemste Möglichkeit, vom Flughafen in die Innenstadt zu gelangen, bietet das **Taxi**. Die Fahrt ins Stadtzentrum dauert 20 bis 30 Minuten. Alle Taxiunternehmen berechnen für Fahrten zwischen dem Flughafen und dem Stadtgebiet Festpreise. Vor dem Terminal warten ausschließlich Taxen des offiziellen Flughafen-Partnerunternehmens **Főtaxi** (www.fotaxi.hu), dessen etwas dubios wirkende Fahrer potenzielle Fahrgäste schon im Flughafengebäude ansprechen. Die Anmeldung für eine Fahrt erfolgt im Infocontainer vor dem Terminal, wo man sein Fahrtziel nennt und einen Zettel erhält, auf dem der entsprechende Fahrpreis vermerkt ist. Der Betrag (plus ein Trinkgeld von ca. zehn Prozent) wird am Ende der Fahrt an den Fahrer gezahlt. Eine Fahrt vom Flughafen in die Pester Innenstadt kostet 5800 Ft, für ein Ziel in Buda (mit Ausnahme der Außenbezirke) oder im XIII. Bezirk schlagen 6000 Ft zu Buche. Günstiger ist man mit einem der anderen Taxiunternehmen (s. S. 123) unterwegs – ein Anruf nach dem Aussteigen aus dem Flieger genügt, die Taxen stehen in der Regel innerhalb von 5 Minuten am mittleren Bürgersteig vor dem Terminal bereit. Die Fahrpreise variieren zwischen rund 4000 und 5500 Ft.

Nur für Einzelreisende lohnenswert ist der ebenfalls intensiv beworbene **Airport Shuttle** (www.airportshuttle. hu). Die Minibusse fahren 8 bis 10 Passagiere, deren Ziele im selben Stadtteil liegen, bis vor die Haustür – wenn man Pech hat, ist man der letzte, der „nach Hause" gebracht wird. Die Buchung am Flughafen erfolgt genau wie bei Főtaxi (s. o.). Kostenpunkt sind 3200 Ft für eine einfache, 5500 Ft für eine bei der Ankunft zu buchende Hin- und Rückfahrt. Ab zwei Personen lohnt sich also in der Regel schon eine Taxifahrt.

Wer mehr Zeit und/oder ein schmaleres Reisebudget hat, kann den **öffentlichen Nahverkehr** nutzen. Die Buslinie 200E fährt in ca. 30 Minuten zur U-Bahnstation Kőbánya-Kispest, von wo es weitere 15 Minuten Fahrt ins Stadtzentrum sind. Fahrscheine können am Zeitungskiosk im Terminal (320 Ft) oder beim Busfahrer (400 Ft, passend zahlen) gekauft werden. Achtung: Mit den Einzelfahrscheinen darf man nicht umsteigen, vor dem Einsteigen in die U-Bahn muss im Treppenhaus der Haltestelle ein weiterer Fahrschein entwertet werden. Man kauft also besser am Flughafen gleich zwei Tickets pro Person. Zeitkarten sind am Flughafen nicht erhältlich.

▷ *Seit dem Konkurs der staatlichen Fluggesellschaft Malév im Jahr 2012 geht es am Budapester Flughafen eher ruhig zu*

◁ *Vorseite: Für die Orientierung in Budapest sollte man sich etwas Zeit nehmen*

060bp Abb.:gk

Mit der Bahn

Budapest ist aus vielen Städten des deutschen Sprachraums direkt oder mit wenigen Umstiegen erreichbar. Die Züge kommen am Ostbahnhof 35 (im Fahrplan/auf Abfahrtstafeln „Budapest-Keleti pu." genannt) auf der Pester Seite an, von dort geht es mit der U-Bahn M2 (Fahrtrichtung Déli pu.) oder den Buslinien 5, 7, 7E, 173, 173E und 178 in die Innenstadt.

Fahrpläne und die günstigen Europa-Sparpreise sind im Internet erhältlich unter:

› **Deutsche Bahn,** www.bahn.de
› **ÖBB,** www.oebb.at
› **SBB,** www.sbb.ch

Mit dem Auto

Zur Einreise wird neben den **Fahrzeugpapieren** der **Nachweis einer Haftpflichtversicherung** benötigt. Bei den EU-Nummernschildern mit dem blauen Streifen am Rand gilt das Nummernschild selbst als Nachweis, bei Schweizer Schildern ist ein ovaler Aufkleber mit Länderkennzeichen erforderlich. Eine „Grüne Karte" wird nicht benötigt.

Die ungarischen **Autobahnen** sind **gebührenpflichtig.** Die Gebühr wird am besten an den Verkaufsständen an den Grenzübergängen entrichtet, wo man auch in Euro bezahlen kann. Für Fahrzeuge bis 3,5 Tonnen sowie für Motorräder kostet die Autobahngebühr für 10 Tage 2975 Ft, für 30 Tage 4780 Ft. Beim Kauf muss das Kennzeichen des Fahrzeugs sowie das Herkunftsland angegeben werden. Man erhält keinen Aufkleber für die Windschutzscheibe, sondern lediglich eine Art Kassenbon, der als Kaufbeleg gilt und aufbewahrt werden sollte. Die Kontrolle erfolgt mit Kameras, die die Kennzeichen ablesen und mit einer Datenbank abgleichen.

Autofahren

Budapest ist wie alle Großstädte kein besonderes Vergnügen für Autofahrer. Das Straßennetz im Stadtzentrum ist ursprünglich für den Verkehr des 19. Jahrhunderts ausgelegt und dementsprechend insbesondere tagsüber überlastet. Das Burgviertel (außer für Hotelgäste), die Margaretheninsel sowie in der Pester Innenstadt die Váci utca und das Viertel um die Basilika herum sind **für Autos gesperrt.**

Als **Parkplatz** bieten sich vor allem die zahlreichen Tiefgaragen und Parkhäuser an. Die Preise variieren zwischen 190 und 500 Ft pro Stunde, es sind in der Regel auch Tages- und Wochenkarten erhältlich. Darüber hinaus bieten die meisten Hotels eigene Parkmöglichkeiten für ihre Gäste.

Auf der Straße ist das Parken von 8 bis 20 Uhr kostenpflichtig und mit 240 bis 400 Ft pro Stunde ist es zumeist auch nicht günstiger als die

Parkhäuser. Die Parkautomaten nehmen ausschließlich Forint-Münzen und wer keinen Parkschein besitzt, riskiert ein Knöllchen. Im Halteverbot stehende Autos werden mit Radkrallen fixiert.

Eine Auswahl zentral gelegener **Tiefgaragen** und **Parkhäuser:**

- 🅿144 [E3] **Parkhaus** VI. Weiner Leó u. 16
- 🅿145 [E4] **Parkhaus** VI. Zichy Jenő u. 9
- 🅿146 [G5] **Parkhaus** VII. Akácfa u. 12-14
- 🅿147 [A2] **Tiefgarage** II. Lövőház u. 2–6, im Einkaufszentrum Mammut
- 🅿148 [D4] **Tiefgarage** V. Szabadság tér
- 🅿149 [G5] **Tiefgarage** VIII. József krt. 5, im Einkaufszentrum Europeum, Einfahrt aus der Somogyi Béla utca
- 🅿150 [F6] **Tiefgarage** VIII. Pollack Mihály tér

Darüber hinaus bieten die meisten großen Hotels öffentliche Tiefgaragenplätze. Park-and-Ride-Parkplätze existieren nicht. Es kann sich aber unter Umständen lohnen, das Auto in einem Außenbezirk kostenlos abzustellen und mit der U-Bahn in die Stadt zu fahren. Hierfür bieten sich insbesondere die Stadtteile entlang der U-Bahn-Linie M3 an.

Tankstellen *(benzinkút)* sind in der unmittelbaren Innenstadt eher spärlich gesät. Einige Adressen:

- ●151 [A3] **Tankstelle,** II. Csalogány u. 55
- ●152 [B2] **Tankstelle,** II. Fő u. 68
- ●153 [F7] **Tankstelle,** VIII. Baross u. 5
- ●154 [ch] **Tankstelle,** VIII. Futó u. 52
- ●155 [E10] **Tankstelle,** XI. Irinyi József u. (Budaer Seite der Petőfi-Brücke)

Die Benzinsorten werden mit der **Oktanzahl** angegeben, also „95", „98" etc. Diesel heißt *dízel* oder *gázolaj* (abgekürzt „G"). Sowohl Diesel als auch 95-er-(Super-)Benzin kosten bei Drucklegung im Durchschnitt 430 Ft pro Liter.

Vor der Fahrt nach Ungarn sollte ein **Auslandsschutzbrief** beim Kfz-Versicherer oder bei einem Automobilklub abgeschlossen werden. Damit ist bei Pannen die deutschsprachige Abwicklung gesichert. Wer keinen Auslandsschutzbrief hat, kann sich im Falle des Falles an den Pannenservice des Ungarischen Autoklubs wenden.

❯ **Magyar Autóklub (MAK),** Tel. 188.
Ungarischer Automobilklub.

Besondere Verkehrsregeln

- ❯ **Höchstgeschwindigkeiten:** Innerorts: 50 km/h, außerorts: 90 km/h (70 km/h über 3,5 t), Schnellstraßen: 110 km/h, Autobahnen: 130 km/h (80 km/h über 3,5 t)
- ❯ Es gilt absolutes **Alkoholverbot am Steuer** – 0,0 Promille! Zuwiderhandlungen werden knallhart bestraft, die Polizei hat sogar die Möglichkeit, den Führerschein an Ort und Stelle einzuziehen.
- ❯ Außerorts muss rund um die Uhr das **Abblendlicht** eingeschaltet werden.
- ❯ Bei **abknickender Vorfahrt** wird geblinkt, wenn man die Vorfahrtstraße verlässt. Wer also bei einer rechts abknickenden Vorfahrt geradeaus fahren will, blinkt links.
- ❯ Das frühzeitige Einordnen in eine **Busspur** ist erlaubt, wenn man rechts abbiegen will.
- ❯ Als „**Dankeschön**" fürs Einfädelnlassen o. Ä. wird kurz der Warnblinker gesetzt.

Ansonsten gelten die in Kontinentaleuropa üblichen Verkehrsregeln. Die **Bußgelder** bei Verkehrsdelikten sind vergleichsweise hoch, die Polizei verfolgt beim Straßenverkehr eine Null-Toleranz-Politik.

Bei Unfällen sollte stets das gelb-blaue **Europäische Unfallprotokoll** ausgefüllt und der Versicherer sowie die Police-Nr. des Unfallgegners erfragt werden. Bei Streitigkeiten und bei Unfällen mit Personenschaden muss die **Polizei** unter der Telefonnummer 107 benachrichtigt werden.

Die internationalen **Mietwagenfirmen** haben neben ihren Flughafenfilialen Büros in der Innenstadt:

● **156** [E4] **Avis**, V. Arany János u. 26–28 (Bank Center), U-Bahn M3, Obus 72 und 73 Arany János utca oder Bus 15/115 Hercegprímás utca (nur in Richtung Lehel tér/Árpád híd bedient), Tel. 3184240, www.avis.hu, geöffnet: Mo.–Fr. 7–18 Uhr, Sa. 8–14 Uhr

● **157** [ag] **Buchbinder**, I. Alkotás út 20–22, U-Bahn M2, Straßenbahn 18, 59 und 61, Bus 21, 39, 102 und 139 Déli pályaudvar oder Bus 105 Királyhágó utca (nur in Richtung Apor Vilmos tér bedient) bzw. Alkotás utca (nur in Richtung Gyöngyösi utca bedient), Tel. 2252170, www.buchbinder.co.hu, geöffnet: Mo.–Sa. 7.30–18 Uhr, So. 10–18 Uhr

● **158** [A5] **Budget**, I. Krisztina krt. 41–43 (Hotel Mercure Buda), U-Bahn M2, Straßenbahn 18, 59 und 61, Bus 21, 39, 102 und 139 Déli pályaudvar, Tel. 2140420, www.budget.hu, geöffnet: Mo.–Fr. 8–20 Uhr, Sa.–So. 8–18 Uhr

● **159** [D5] **Europcar**, V. Erzsébet tér 4 (Hotel Kempinski), U-Bahn M1, M2 und M3, Straßenbahn 47/49, Bus 9, 16 und 109 Deák Ferenc tér oder Bus 15/115 Erzsébet tér (nur in Richtung Lehel tér/Árpád híd bedient), Tel. 5054400, www.europcar.hu, geöffnet: Mo. 8–18 Uhr, Di.–Do. 8–16.30 Uhr, Fr. 8–18 Uhr, Sa. 8–12 Uhr

● **160** [G4] **Fox Autorent**, VII. Hársfa u. 53–55 (Parkhaus des Grand Hotel Corinthia), Straßenbahn 4/6 Király utca oder Obus 70 und 78 Erzsébet körút (nur in Richtung Erzsébet királyné útja/Keleti pályaudvar bedient) bzw. Teréz körút (nur in Richtung Kossuth Lajos tér bedient), Tel. 3829000, www.fox-autorent.com, geöffnet: Mo.–So. 8–20 Uhr

● **161** [D6] **Hertz**, V. Apáczai Csere János u. 4 (Hotel Marriott), Straßenbahn 2 Vigadó tér, Tel. +36 303374456, www.hertz.hu, geöffnet: Mo.–Fr. 8–17 Uhr, Sa. 8–13 Uhr

Barrierefreies Reisen

Budapest ist insgesamt leider **wenig behindertenfreundlich**. Insbesondere für Rollstuhlfahrer stellen die **hohen Bordsteinkanten** sowie die teilweise nur per Fußgängerunterführung zu überquerenden großen Straßenkreuzungen unüberwindbare Hindernisse dar. Unterstützung bietet der **Landesverband der Behindertenvereinigungen MEOSZ**, auf dessen Internetseite sehr gute englischsprachige Informationen über barrierefreie Sehenswürdigkeiten, Hotels und Restaurants verfügbar sind. Hier kann man auch speziell für die Bedürfnisse Behinderter sensibilisierte Stadtführer buchen.

❯ **MEOSZ**, III. San Marco u. 76, Tel. 3882387, www.meoszinfo.hu

Die Budapester **Verkehrsbetriebe** bieten einen besonderen Tür-zu-Tür-Service für mobilitätseingeschränkte Fahrgäste an: Mit speziell umgebauten Kleinbussen wird jede beliebige Strecke innerhalb der Stadtgrenzen Budapests befahren. Allerdings muss man sich beim MEOSZ unter Tel. 3885529 anmelden. Die Preise sind mit den regulären Tarifen identisch, es reicht also ein gewöhnlicher Einzelfahrschein oder eine Zeitkarte.

❯ Weitere Infos auf Englisch unter www.bkv.hu/en/physically_challenged

Auf den regulären Linien können sich Menschen mit einer Behinderung lediglich auf der Straßenbahnlinie 4/6 und auf der Budaer Buslinie 86 darauf verlassen, dass generell **Niederflurfahrzeuge** eingesetzt werden. Auf den zentralen Buslinien 7/7E/173/173E, 9/109, 15/115 sowie 105 ist etwa jedes zweite Fahrzeug ein Niederflurbus, ebenso wie auf den Obuslinien 70, 74, 76 und 78. Auf allen anderen Linien fahren zumeist alte Fahrzeuge mit Stufen. Die U-Bahn und die S-Bahn (HÉV) sind für Gehbehinderte mangels Aufzügen leider gar nicht zugänglich.

Sehbehinderte Menschen finden fast immer jemanden, der ihnen bei Hindernissen unter die Arme greift. In **öffentlichen Verkehrsmitteln** helfen Ansagen beim Aussteigen an der richtigen Haltestelle, **Ampeln** werden zunehmend mit Lautsignalen und Markierungen auf dem Boden ausgestattet.

Diplomatische Vertretungen

- ●**162** [A4] **Deutsche Botschaft (Német Nagykövetség)**, I. Úri u. 64–66 (im Burgviertel), Bus 16 Kapisztrán tér (nur in Richtung Deák Ferenc tér bedient) bzw. Bécsi kapu tér, Tel. 4883500, www.budapest.diplo.de, geöffnet: Mo.–Fr. 9–12 Uhr, vom 1. April bis zum 30. September zusätzlich 13.30–15.30 Uhr
- ●**163** [cf] **Österreichische Botschaft (Osztrák Nagykövetség)**, VI. Benczúr u. 16, U-Bahn M1, Bus 105 Bajza utca, Tel. 4797010, www.aussenministerium.at/budapest, geöffnet: Mo.–Fr. 9–11 Uhr
- ●**164** [df] **Schweizer Botschaft (Svájci Nagykövetség)**, XIV. Stefánia út 107, Obus 74 und 75 Zichy Géza utca, www.

eda.admin.ch/budapest, Tel. 4607040, Termine nur auf Anfrage. Konsularischer Dienst: Schweizer Botschaft Wien, Kärntner Ring 12, Tel. 0043 1 79505, www.eda.admin.ch/wien.

Ein- und Ausreisebestimmungen

Ungarn ist seit 2007 **Mitglied des Schengen-Raumes**, Grenzkontrollen finden nicht mehr systematisch statt. Es reicht aus, den **Personalausweis** mitzuführen. Dennoch bestehen **Einfuhrbeschränkungen** in andere EU-Staaten für bestimmte Produkte. So dürfen nach **Deutschland** höchstens 800 Zigaretten, 400 Zigarillos, 200 Zigarren und 1 Kilogramm loser Tabak eingeführt werden. Bei alkoholischen Getränken gelten als Obergrenze 10 Liter für Spirituosen und Alkopops, 60 Liter für Schaumwein und 110 Liter für Bier. Darüber hinaus dürfen 10 Kilogramm Kaffee eingeführt werden. Für Wein bestehen keine Obergrenzen.

Nach **Österreich** dürfen 10 Liter Spirituosen, 90 Liter Wein (davon höchstens 60 Liter Schaumwein) und 20 Liter sonstige alkoholische Getränke eingeführt werden. Die Grenzwerte für Tabakwaren sind mit denen für Deutschland identisch.

In die **Schweiz** dürfen aus der EU 200 Zigaretten, 50 Zigarren oder 250 Gramm loser Tabak sowie 2 Liter alkoholische Getränke mit einem Alkoholgehalt unter 15 Volumenprozent und 1 Liter alkoholische Getränke mit einem Alkoholgehalt über 15 Volumenprozent zollfrei eingeführt werden. Andere Waren sind bis zu einem Wert von 300 Schweizer Franken abgabenfrei.

Elektrizität

Die **Netzspannung** beträgt 230 V, die Steckdosen entsprechen den in Deutschland und Österreich üblichen Schukosteckern.

Geld

Die offizielle Währung Ungarns ist der **Forint** (abgekürzt Ft, international auch HUF). Es gibt Münzen zu 5, 10, 20, 50, 100 und 200 Forint sowie Scheine zu 500, 1000, 2000, 5000, 10.000 und 20.000 Forint. Falls ein Preis nicht auf „0" oder „5" endet, wird auf- oder abgerundet.

Münzen zu 1 und 2 Forint sowie grüne Scheine zu 200 Forint sind nicht mehr gültig, ebenso wie 1000-Forint-Noten ohne silbernen Hologrammstreifen im linken Drittel. Diese sollten als Rückgeld abgelehnt werden. Zudem versuchen insbesondere Taxifahrer immer wieder, Tou-

047bp Abb.: © Stefan Balk/fotolia.com

◰ *Der Forint ist die offizielle Währung Ungarns*

risten alte Geldscheine aus anderen Ländern unterzujubeln. Hier ist Vorsicht angebracht, am besten macht man sich gleich nach dem Geldwechsel mit den Scheinen und Münzen vertraut.

Euros werden an vielen Orten im Budapester Stadtzentrum angenommen. Die von Restaurants und Händlern berechneten Kurse sind allerdings in der Regel schlechter als in den Banken und Wechselstuben. Auf jeden Fall sollte man vorher fragen.

Am besten ist es, sich mit ausreichend Forint zu versorgen. Bargeld tauscht man in einer der zahlreichen **Wechselstuben** in der Váci utca [E7] und an den Hauptverkehrsstraßen (zumeist mit „Change" angeschrieben) oder in einer **Bank**, wobei letztere etwas schlechtere Kurse anbieten. Die meisten Wechselstuben sind werktags bis 20 Uhr geöffnet. Der Tausch in den Wechselstuben ist vollkommen sicher, allerdings sollte man einen Bogen um die Schalter am Flughafen, am Ostbahnhof sowie um die Filialen der Firma interchange in der Váci utca und im Burgviertel ma-

---

Umrechnungskurs

(Stand November 2012)

100 Ft = 0,35 €/0,42 SFr
1 € = 284,70 Ft
1 SFr = 236,54 Ft

Ausweis für Kinder

Seit Ende Juni 2012 benötigen auch **Kinder von 0 bis 16 Jahren** für eine Auslandsreise **eigene Ausweispapiere** (Kinderreisepass/Reisepass) mit einem aktuellen Foto. Der Eintrag im Pass der Eltern ist nicht mehr gültig.

chen. Diese bieten die normalen Kurse erst ab einem hohen Tauschbetrag an, darunter gibt es einen weitaus schlechteren. Ab und zu wird man auch von Geldwechslern auf der Straße angesprochen, was man freundlich, aber bestimmt zurückweisen sollte – es ist garantiert Betrug.

Darüber hinaus besteht die Möglichkeit, Forint an einem der zahlreichen **Geldautomaten** abzuheben. Allerdings können hier Gebühren anfallen, deren Höhe man am bes-

ten vor der Abfahrt bei seiner Hausbank erfragt. Die Bezahlung mit **Maestro(EC)-, Visa- und Mastercard-Karten** ist weit verbreitet, lediglich in Restaurants sollte man vorher nachfragen. Einige deutsche Banken (insbesondere die Postbank) statten ihre Girocards neuerdings aber nicht mehr mit der Maestro-Funktion, sondern mit der neuen europäischen **Bezahlfunktion „V-Pay"** aus. Dieses System soll vor Skimming schützen, da nicht mehr der kopierbare Magnetstreifen, sondern der Chip vom Automaten gelesen wird. Das hat zur Folge, dass manche Bankautomaten und Verkaufsstellen die Chips nicht lesen können. Sollte man eine solche Karte besitzen, bleibt einem unter Umständen nur der Umstieg auf die Kreditkarte.

❯ Weitere Infos unter www.vpay.de

Das **Preisniveau** in Budapest ist mit demjenigen in deutschen und österreichischen Großstädten vergleichbar. Die Preise werden derzeit oft, teilweise sogar mehrmals im Jahr erhöht. Hotelzimmerpreise werden grundsätzlich in Euro angegeben.

Budapest preiswert

❯ *Stadtrundfahrt* mit der Straßenbahn: *Spektakuläre Ausblicke auf Burgviertel, Parlament und Co. mit den Linien 2 und 19/41 genießen.*

❯ *Günstig schlemmen: Viele Restaurants bieten preiswerte* **Mittagsmenüs** *für rund 1000 Ft oder sogar weniger an.*

❯ *Pause im touristischen Zentrum: Günstiger* **Kaffee und Kuchen** *im Café im Obergeschoss des Supermarktes* **CBA Budavár** *(s. S. 18), an gleicher Stelle gibt es auch Lebensmittel zu ganz normalen Preisen.*

❯ *Bach für lau: In der evangelischen Kirche am Deák Ferenc tér [E5] finden Konzerte mit Werken von Johann Sebastian Bach statt (Infos unter http://lutherania. lutheran.hu).*

❯ *Eine preiswerte* **Schifffahrt** *bieten die Budapester Verkehrsbetriebe. Für nur 400 Ft kann man sich Budapest vom Wasser aus anschauen. Leider ist die Sicht von den BKV-Schiffen stark eingeschränkt (s. S. 122).*

Informationsquellen

Auskunft zu Hause

Um schon von zu Hause aus Informationen zu erhalten, kann man sich an eine Filiale des **Ungarischen Tourismusamtes** wenden.

❯ **Deutschland:** Wilhelmstr. 61, 10117 Berlin, Tel. +49 302431460, www.ungarn-tourismus.de

❯ **Österreich:** Opernring 1, Stiege R, 7. Stock, 1010 Wien, Tel. +43 15852012/10, www.ungarn-tourismus.at

Im Urlaub auf dem Laufenden bleiben

Deutschsprachige Zeitungen und Zeitschriften liegen in der Bibliothek des Goethe-Instituts aus. Außerdem werden sie von vielen Kiosken im Stadtzentrum angeboten.

● **167** [G8] **Goethe-Institut**, IX. Ráday u. 58, Straßenbahn 2 und 4/6, Bus 15/115 Boráros tér, Tel. 3744070, www.goethe.de/budapest, geöffnet: Di.–Do. 14–19 Uhr, Fr. 11–17 Uhr, Sa. 10–14 Uhr

❯ **Schweiz:** Ildikó Czánt, www.ungarn-tourismus.ch, Tel. +49 6196950414

Weitere Infos in deutscher Sprache erhält man beim **Budapester Tourismusamt** unter Tel. +36 14388080 bzw. www.budapest.info.

Auskunft vor Ort

Die **Info-Punkte** des Budapester Tourismusamtes (www.budapest.info) bieten ein breites Angebot an Broschüren, Veranstaltungshinweisen, Stadtplänen und sonstigem Material.

❶ **165** [E5] **Info-Punkt**, V. Sütő u. 2, U-Bahn M1, M2 und M3, Straßenbahn 47/49, Bus 9, 16 und 109 Deák Ferenc tér oder Bus 15/115 Erzsébet tér (nur in Richtung Lehel tér/Árpád híd bedient), Tel. 4388080, geöffnet: Mo.–So. 8–20 Uhr

❶ **166** [F3] **Info-Punkt**, VI. Liszt Ferenc tér 12 (im eingerüsteten dunklen Gebäude Ecke Andrássy út), U-Bahn M1, Straßenbahnlinie 4/6, Bus 105 Oktogon, Tel. 3224098, www.budapest.info, geöffnet: Mo.–So. 12–20 Uhr

❯ **Info-Punkt**, im Ostbahnhof ㉟, beim Haupteingang, geöffnet: Mo.–So. 7–19 Uhr

❯ **Info-Punkt**, Großen Markthalle ⑲, beim Haupteingang, geöffnet: Mo. 6–17 Uhr, Di.–Fr. 6–18 Uhr, Sa. 6–15 Uhr

❯ Weitere Infostände befinden sich am Flughafen.

Publikationen und Medien

Einfache **Stadtpläne** liegen kostenlos in der Ankunftszone des Flughafens, den Info-Punkten des Budapester Tourismusamtes und an Hotelrezeptionen aus. Wer es detaillierter möchte, findet eine große Auswahl in Buchläden und an den Souvenirständen in der Váci utca [E7].

Veranstaltungshinweise in englischer Sprache findet man im **Budapest Funzine**, das in Cafés und Hotels kostenlos ausliegt und auch im Internet unter www.funzine.hu präsent ist.

Tickets

Im Allgemeinen sind Theatervorstellungen und Konzerte schnell ausverkauft, sodass es sich lohnt, frühzeitig Karten zu kaufen. Last-Minute-Theaterkarten oder Ähnliches gibt es in Budapest nicht. Eintrittskarten für Veranstaltungen aller Art sind in den **Info-Punkten** des Tourismusamts in der Sütő utca und am Liszt Ferenc tér sowie an den Kassen des jeweiligen **Veranstaltungsortes** erhältlich. Eine weitere Möglichkeit bieten folgende Vorverkaufsstellen:

● **168** [F4] **Cultur-Comfort**, VI. Paulay Ede u. 46, U-Bahn M1, Bus 105 Opera, Tel. 3220000, www.cultur-comfort.hu, geöffnet: Mo.–Fr. 10–18 Uhr

● **169** [F7] **Kulturinfo**, IX. Lónyay u. 3, U-Bahn M3, Straßenbahn 47/49, Bus 9, 15, 109 und 115 Kálvin tér, Tel. 3038726, www.kulturinfo.hu, geöffnet: Mo.–Mi. 9–17 Uhr, Do. 9–18 Uhr, Fr. 9–17 Uhr

Meine Literaturtipps

> Krúdy, Gyula: *„**Die rote Postkutsche**"* (Suhrkamp Verlag 1999). Ein kaleidoskopartiges Porträt Budapests während der Habsburger Monarchie, das sich über alle Gesellschaftsschichten erstreckt. Der Roman zeichnet sich dadurch aus, dass er die Anekdote zur Kunstform erhebt und auf eine geschlossene, linear erzählte Geschichte verzichtet. Sehr hilfreich auch, wenn man die Kommunikationsgewohnheiten der Ungarn besser verstehen will.

> Szerb, Antal: *„**Die Pendragon-Legende**"* (dtv Verlag 2008). Ein gut zugängliches Werk von Antal Szerb (1901–1945), dem wichtigsten Literaturhistoriker Ungarns, der selbst auch als Autor tätig war. Die spannende „Pendragon-Legende" spielt in England und Wales und changiert gekonnt zwischen Übernatürlichem und Allzumenschlichem.

> Esterházy, Péter: *„**Donau abwärts**"* (Bloomsbury Taschenbuch Verlag 2006). Ein Reisebericht, der keiner ist. Péter Esterházy, der als zeitgenössisches „enfant terrible" der ungarischen Literatur gilt, nutzt den Flusslauf der Donau, um Geschichte mit Geschichten, Philosophie mit Unternehmertum und Seriosität mit „Windbeutelei" zu verbinden.

> Sjöwall, Maj/Wahlöö, Per: *„**Der Mann, der sich in Luft auflöste**"* (Rowohlt Verlag 2006). Einen spannenden Krimi aus der Zeit des Kommunismus sucht man in Ungarn vergeblich. Dafür haben sich zwei Schweden die Mühe gemacht, Kommissar Martin Beck auf eine verwirrende Fahndung in das kommunistische Budapest zu schicken, und dabei ein realistisches Porträt jener Zeit gezeichnet.

> Kertész, Imre: *„**Roman eines Schicksallosen**"* (rororo 2009). Der Schrecken wird zum Alltag – das ist die Entdeckung, die man in Imre Kertész' Erzählung aus der Perspektive eines deportierten ungarischen Juden macht. Kertész beschreibt den Alltag im KZ, die Akzeptanz von unfassbaren Normen und das Sich-darin-Fügen. Er erhielt 2002 den Nobelpreis für Literatur.

> Örkény, István: *„**Minutennovellen**"* (Suhrkamp Verlag 2011). István Örkény erfand in den bleiernen Jahren nach dem Zweiten Weltkrieg die Gattung der „Minutennovelle". Erklärtes Ziel des Autors war es, Geschichten zu produzieren, die die Leser „während einer Straßenbahnfahrt" in wenigen Minuten lesen konnten. Die kleinen Geschichten beginnen meist in Alltagssituationen, die sich innerhalb kürzester Zeit in absurde, komisch-bedrohliche Szenen wandeln. Tolle Lektüre, bei der einem das Lachen buchstäblich gefriert.

> Iro, Viktor: *„**Gebrauchsanweisung für Budapest und Ungarn**"* (Piper Verlag 2009). Das Buch zur Lebenshaltung: Wer es als Flaneur liebt, das Offensichtliche mit dem Tiefgründigen zu verbinden, wird in diesem Buch einen treuen Begleiter finden. Neben praktischen Tipps zum Stadtleben findet der Leser z. B. interessante Diskurse über die Geschichte Ungarns, ungarische Eigenheiten und ungarischstämmige Berühmtheiten aus aller Welt.

Internet und Internetcafés

Die meisten **Cafés** und **Hotels** verfügen über eigene WLAN-Hotspots. Das erforderliche Passwort kann beim Personal erfragt werden. Wer seinen Laptop nicht dabei hat, kann eines der vielen Internetcafés nutzen. Zentral gelegen sind zum Beispiel die folgenden:

@**170** [D6] **Finomfinfo**, V. Váci u. 12, Bus 15/115 Szervita tér (nur in Richtung Lehel tér/Árpád híd bedient) oder U-Bahn M1 Vörösmarty tér, Tel. +36 207762626, www.finomfinfo.hu, geöffnet: Mo.–So. 10–20 Uhr

@**171** [F4] **Internet Café**, VII. Akácfa u. 65, Straßenbahn 4/6 Király utca oder Obus 70 und 78 Akácfa utca

@**172** [G8] **Internet Café**, IX. Ráday u. 63, Straßenbahn 2 und 4/6, Bus 15/115 Boráros tér

@**173** [G6] **Net 7 Café**, VIII. József krt. 14, U-Bahn M2, Straßenbahn 4/6, Bus 5, 7, 7E, 8, 173, 173E und 178 Blaha Lujza tér

@**174** [E2] **VistaNet**, XIII. Váci út 6, U-Bahn M3, Straßenbahn 4/6, Bus 26, 91, 109, 191, 206 und 291, Obus 72 und 73 Nyugati pályaudvar, Tel. +36 705853924, www.vistanetcafe.com, geöffnet: Mo.–So. 0–24 Uhr

Medizinische Versorgung

Das ungarische Krankenversicherungssystem basiert auf einer Pflichtmitgliedschaft aller Bürger bei der staatlichen Krankenversicherung. Budapest bietet eine **gute medizinische Versorgung**, wobei die öffentlichen, vom Staat (unter-)finanzierten Einrichtungen zuweilen in einem schlechten Zustand sind. Im Falle einer Behandlung muss man sich auf eine **überbordende Bürokratie** und **lange Wartezeiten** einstellen. Fast alle ungarischen Ärzte sprechen eine Fremdsprache (allerdings ist das nicht immer Deutsch oder Englisch).

Ausländische Versicherte aus EWR-Staaten und der Schweiz (aus Deutschland nur gesetzlich Versicherte) können mit ihrer **Europäischen Krankenversicherungskarte** (**EHIC**) in akuten Fällen die gleichen Leistungen in Anspruch nehmen wie ungarische Versicherte. Das bedeutet, dass man sich in einem öffentlichen Krankenhaus, einem öffentlichen Ärztezentrum oder einer Hausarztpraxis behandeln lassen kann und die Möglichkeit hat, einen Rettungswagen (Tel. 104) zu rufen. Zuzahlungen, Praxisgebühren und Ähnliches werden in Ungarn nicht berechnet. Die Behandlung in privaten Facharztpraxen ist durch die EHIC nicht gedeckt. Die Europäische Krankenversicherungskarte erhält man auf Anfrage beim Versicherer, falls sie nicht ohnehin schon Bestandteil der heimischen Versichertenkarte ist.

Wer ganz sicher gehen möchte, sollte eine private **Reisekrankenversicherung** abschließen, die schon für einen geringen Jahresbeitrag zu haben ist. Vor der Fahrt nach Budapest kann man sich bei seiner Versicherung erkundigen, welche Leistungen inbegriffen sind. Man zahlt die Behandlung zunächst selbst und bekommt im Nachhinein eine Rückerstattung gegen Beleg. Dasselbe gilt generell für Privatversicherte aus Deutschland.

Die Botschaften (s. S. 100) stellen auf Anfrage eine Liste **deutschsprachiger Ärzte** zur Verfügung. Einige große **Krankenhäuser** in Budapest sind im Folgenden aufgelistet.

✚**175** [cg] **Klinik für Unfallchirurgie,** VIII. Fiumei út 17, U-Bahn M2, Bus 5, 7, 7E, 173, 173E, 178 Keleti pályaudvar, Tel. 2997700

✚**176** [dh] **Pál-Heim-Kinderkrankenhaus,** VIII. Üllői út 86, U-Bahn M3 Nagyvárad tér, www.heimpalkorhaz.hu, Tel. 4599100

✚**177** [bi] **St.-Emmerich-Krankenhaus,** XI. Tétényi út 12–16, Bus 7, 7E, 173, 173E Szent Imre Kórház, Tel. 4648600, www.szentimrekorhaz.hu

✚**178** [af] **St.-Johannes-Krankenhaus,** XII. Diós árok 1–3, Straßenbahn 59 und 61 Szent János Kórház, Tel. 4584500, www.janoskorhaz.hu

✚**179** [dh] **St.-Stephans-Krankenhaus,** VIII. Nagyvárad tér 1, U-Bahn M3 Nagyvárad tér, Tel. 4555700, www.istvankorhaz.hu

✚**180** [G7] **Zahnmedizinische Ambulanz,** VIII. Szentkirályi u. 40, U-Bahn M3, Straßenbahn 47/49, Bus 15/115 Kálvin tér oder Bus 9/109 Szentkirályi utca, Tel. 3176600

Ungarn ist eines der Hauptziele des sogenannten „Zahntourismus" in Europa. Selbst in privaten Praxen sind diverse Zahnbehandlungen bei gleicher Qualität deutlich günstiger als in Westeuropa, weshalb viele Patienten einen Aufenthalt im Land mit einer neuen Krone oder einem Implantat verbinden. Unter Umständen übernimmt sogar die heimische Privatversicherung die Kosten, da es auch für sie preisgünstiger ist. Bei der Versicherung erhält man eine Liste der empfohlenen Zahnärzte.

Die folgenden **Apotheken** (gyógyszertár, patika) sind um die Uhr geöffnet. Ansonsten ist am Eingang jeder Apotheke die nächstliegende Nachtapotheke (ügyeletes gyógyszertár, ügyelet) angegeben.

✚**181** [E7] **Fővám téri gyógyszertár,** V. Fővám tér 4, Straßenbahn 2 und 47/49, Bus 15/115 Fővám tér (Bus 15/115 nur in Richtung Boráros tér bedient), Tel. 2699525, www.fovampatika.t-online. hu, geöffnet: Mo.–So. 0–24 Uhr

✚**182** [F3] **Teréz Patika,** VI. Teréz krt. 41, U-Bahn M3, Straßenbahn 4/6, Bus 26, 91, 109, 191, 206 und 291, Obus 72 und 73 Nyugati pályaudvar, Tel. 3114439, www.terezpatika.hu, geöffnet: Mo.–So. 0–24 Uhr

Mit Kindern unterwegs

Die Ungarn sind generell sehr **kinder- und familienfreundlich.** Wer mit kleinen Kindern unterwegs ist, wird öfters erleben, dass fremde Leute die Kinder ansprechen oder ihnen über den Kopf streicheln. Für junge Ungarinnen und Ungarn ist das Kinderkriegen und die Gründung einer Familie im Allgemeinen keine Frage. Dementsprechend sind Kinder überall gern gesehene Gäste. Die meisten Restaurants haben Kinderstühle und besondere Speisen für die Kleinen. Einige besonders lohnenswerte Attraktionen für Budapest-Reisende mit Kindern:

❭ **Ausflug in die Budaer Berge.** Der klassische Familienausflug in die Budaer Berge führt mit der Schwabenbergbahn auf den Széchenyi-Berg, von dort mit der Kindereisenbahn durch den Wald zum János-Berg und dann mit dem Sessellift hinunter (oder umgekehrt). Näheres zu den Verkehrsmitteln siehe S. 118. Auf dem János-Berg kann man auf einen Kaffee und eine Brezel einkehren, es gibt einen schönen Aussichtsturm und einen Spielplatz. Wer danach nicht müde ist, kann mit der Kindereisenbahn oder zu Fuß weiter nach Hűvösvölgy und von dort mit dem Bus 29 in ca. 15 Min. zur Szemlő-hegy-Tropfsteinhöhle (s. S. 108).

S183 Challengeland, XII. Konkoly Thege Miklós út 21, Bus 21 Csillebérc Gyermekvasút (Abfahrt vom Széll Kálmán tér, Fahrzeit ca. 20 Minuten)/Kindereisenbahn Csillebérc, Tel. 2745705, geöffnet: Mo.–So. 10–18 Uhr (1. November–31. März bis 16 Uhr); Einlass bis 1,5 Stunden vor Schluss, Eintritt: 3990 Ft (für Kinder bis 14 Jahre 2990 Ft), ohne Klettern 400 Ft, Familienkarte für 2 Erwachsene und 2 Kinder 12.300 Ft. Toller Klettergarten für Groß und Klein in den Budaer Bergen.

★184 [bf] **Margaretheninsel.** Auf der weitläufigen Insel sind für Kinder vor allem das riesige Freibad Palatinus (auf der Westseite der Insel, geöffnet: 1. Juni–31. August, Eintritt 2 Erwachsene mit 2 Kindern am Wochenende 6700 Ft, diverse weitere Angebote unter: www.budapest gyogyfurdoi.hu/en/palatinus/contact), der kleine Streichelzoo auf der Ostseite sowie eine Spazierfahrt mit dem „Bringóhintó", einer Art vierrädrigem Fahrrad (mehrere Verleihstellen auf der gesamten Insel) spannend.

❭ **Park für Eisenbahngeschichte** (s. S. 45). 70.000 m² großes Ausstellungsgelände mit zahlreichen historischen Schienenfahrzeugen.

S185 [ai] **Sommerrodelbahn,** XI. Balatoni út Kilometer 7, Bus 187 Keserűvíztelep Bobpálya (vom Kosztolányi Dezső tér ca. 7 Minuten Fahrzeit, Abfahrt alle 30–40 Minuten), Tel. 3104122, www. bobpalya.hu, geöffnet: ganzjährig bei schönem Wetter von 10 Uhr bis Anbruch der Dunkelheit, Eintritt: 430 Ft (für Kinder von 3–13 Jahren 380 Ft). Ein Spaß für die ganze Familie. Wer mit dem Auto unterwegs ist, kann die Sommerrodelbahn mit dem Besuch des unweit gelegenen Memento Park **37** kombinieren.

❭ **Tropfsteinhöhlen** (s. S. 108). Für kleine und auch große Entdecker spannend ist eine Erkundungstour durch den „Bauch" der Budaer Berge.

●**186 Tropicarium,** XXII. Nagytétényi út 37–43 (im Einkaufszentrum Campona), Bus 33, 33E (Abfahrt Móricz Zsigmond körtér), 114, 213, 214 (Abfahrt Kosztolányi Dezső tér) und 233E (Abfahrt Ferenciek tere) Lépcsős utca, Tel. 4243053, www.tropicarium.hu, geöffnet: Mo.–So. 10–20 Uhr, Eintritt: 2300 Ft, von 4–18 und ab 62 Jahre 1600 Ft, diverse Familientickets. Sehr schöner, privat betriebener Aquazoo mit zahlreichen exotischen Fischarten. Außerdem gibt es auch einige Landreptilien zu sehen. Donnerstags zwischen 15 und 16 Uhr werden die sechs großen Haie gefüttert! Das Tropicarium befindet sich im Einkaufszentrum Campona, die Anfahrt aus der Innenstadt dauert rund 25 Minuten. Ein Besuch kann sehr gut mit der Besichtigung des Memento Park **37** verbunden werden. Hierfür vor dem Einkaufszentrum die Buslinie 150 Richtung Újbuda-központ nehmen und bei der Haltestelle Memento Park aussteigen (Fahrzeit ca. 10 Minuten).

❭ **Verkehrsmuseum** (s. S. 46). Hier sind Originalexponate aus den Bereichen Automobil, Schifffahrt, Eisenbahn und Stadtverkehr zu sehen.

061bp Abb.: mt

❭ *Budapest bietet ganzjährig tolle Aktivitäten für die Kleinen*

Mit Kindern unterwegs

●**187** [cf] **Zirkus**, XIV. Állatkerti krt. 12/a (im Stadtwäldchen), Obus 72 Állatkert, Tel. 3438300, Vorstellungsbeginn: Mi. 15 Uhr, Do. 14 Uhr, Fr. 15 Uhr, Sa. 11, 15 und 19 Uhr, So. 11 und 15 Uhr, Eintritt: 2400–3100 Ft (für Kinder von 4–14 Jahren 2000–2500 Ft). Direkt neben dem Zoo steht der einzige feste Zirkusbau Mitteleuropas. Der Budapester Zirkus lockt Kinder und Erwachsene mit einem anspruchsvollen, periodisch wechselnden Programm. Alle zwei Jahre im Winter ist der Zirkus Schauplatz des Internationalen Zirkusfestivals Budapest, einem der weltweit wichtigsten Wettbewerbe für Zirkuskünstler.

●**188** [cf] **Zoologischer Garten (Állatkert)**, XIV. Állatkerti krt. 6–12 (im Stadtwäldchen), Obus 72 Állatkert, Tel. 2734900, www.zoobudapest.com, geöffnet: Mo.– Do. 9–18.30 Uhr (Apr./Sept. nur bis 17.30 Uhr, März/Okt. nur bis 17 Uhr, Nov.–Febr. nur bis 16 Uhr), Fr.–So. 9–19 Uhr (Apr./Sept. nur bis 18 Uhr, März/Okt. nur bis 17.30 Uhr, Nov./Febr. nur bis 16 Uhr); Einlass bis eine Stunde vor Schließung, Eintritt: 2100 Ft, für Kinder von 2–14 Jahren 1500 Ft, Familienkarte für 2 Erwachsene und 2 Kinder 6100 Ft (weitere Kinder je 1100 Ft). Der Zoo wurde 1866 eröffnet und ist einer der ältesten der Welt. Kinder haben Spaß mit den exotischen Tieren und dem Streichelzoo, Erwachsene können sich an den denkmalgeschützten Jugendstilbauten erfreuen. Sehenswert ist das Elefantenhaus (1912), das einer Moschee ähnelt und dadurch sogar für einen diplomatischen Konflikt zwischen Ungarn und dem Osmanischen Reich sorgte.

KLEINE PAUSE

Tropfsteinhöhlen

Durch die unterirdischen Quellen haben sich in den Budaer Bergen zahlreiche Höhlen gebildet. Zwei sind zu besichtigen: Die **Szemlő-hegy-Höhle** ist auf einer Strecke von 250 Metern ausgebaut und kann auch mit Kinderwagen besucht werden. Sie bietet spektakuläre Gesteinsformationen und wird wegen ihrer besonderen Luft auch für Therapiezwecke genutzt. Die Besichtigung dauert ca. 40 Minuten, die Touren starten immer zur vollen Stunde. Nur 800 Meter oberhalb befindet sich die **Pál-völgy-Höhle**. Sie ist mit ihren bis jetzt entdeckten 29 Kilometern die zweitlängste Höhle Ungarns und kann auf einem Teilstück von 500 Metern Länge besichtigt werden. Die Besucher erwarten zauberhaft beleuchtete, uralte Tropfsteine. Der Zutritt ist hier nur für Kinder ab 5 Jahren erlaubt. Die Touren dauern 50 bis 60 Minuten und starten immer 15 Minuten nach der vollen Stunde.

Es gibt auch Kombitickets zum Preis von 1650 Ft (Kinder 1170 Ft), mit denen man beide Höhlen besichtigen kann. Es empfiehlt sich **warme Kleidung** und **stabiles Schuhwerk**. Die Strecke zwischen den Höhlen wird am besten zu Fuß zurückgelegt.

★**189** [ae] **Szemlő-hegy-Höhle**, II. Pusztaszeri út 35, Anfahrt mit Bus 29 von der HÉV-H5-Station Szépvölgyi út, Fahrzeit ca. 6 Minuten, oder mit Bus 111 vom Batthyány tér, Fahrzeit ca. 20 Minuten, Haltestelle Szemlő-hegyi-barlang, geöffnet: täglich außer Di. 10–16 Uhr, Eintritt: 1000 Ft, für Kinder 800 Ft

★**190** [ae] **Pál-völgy-Höhle**, II. Szépvölgyi út 162, Anfahrt mit Bus 65 vom Kolosy tér, Haltestelle Pál-völgyi cseppkőbarlang, Fahrzeit 4 Minuten. Der Kolosy tér kann mit Straßenbahn 17 von der Margarethenbrücke, mit den Buslinien 86, 160 und 260 vom Batthyány tér und mit den Buslinien 109 und 206 vom Westbahnhof aus erreicht werden. Öffnungszeiten: Di.–So. 10–16.15 Uhr, Eintritt: 1200 Ft, für Kinder 960 Ft.

Notfälle

Bei Problemen mit Taschendiebstahl, Betrug in Restaurants und Ähnlichem sind die **Info-Punkte des Budapester Tourismusamtes** behilflich (s. S. 103). Sie stellen auch den Kontakt zur Polizei her. In der Sommersaison sind zudem verstärkt Polizeibeamte mit Fremdsprachenkenntnissen auf Fußstreife in der Innenstadt unterwegs, die man ansprechen kann. Direkt zu einer Polizeiwache sollte man wegen der langen Wartezeiten und der oft mangelnden Fremdsprachenkenntnisse nicht gehen.

Kartensperrung

Bei Verlust der Maestro-(EC-) oder der Kreditkarte gibt es für Kartensperrungen eine **deutsche Zentralnummer** (vor der Reise klären, ob die eigene Bank diesem Notrufsystem angeschlossen ist). In **Österreich** und der **Schweiz** gibt es keine zentrale Sperrnummer, daher sollten sich Besitzer von in diesen Ländern ausgestellten Maestro-(EC-) oder Kreditkarten vor der Abreise bei ihrem Kreditinstitut über den zuständigen Sperrnotruf informieren.

Generell sollte man sich immer die **wichtigsten Daten** wie Kartennummer und Ausstellungsdatum separat notieren, da diese unter Umständen abgefragt werden.

❯ **Deutscher Sperrnotruf:** Tel. +49 116116 oder Tel. +49 3040504050, www.sperrnotruf.de, www.kartensicherheit.de

---

EXTRAINFO

Notrufnummern
❯ **Polizei:** Tel. 107
❯ **Ambulanz:** Tel. 104
❯ **Feuerwehr:** Tel. 105

Fundsachen

● **191 Fundbüro Flughafen,** Bus 200E Liszt Ferenc Airport 2, Tel. 2965966, www.bud.hu
● **192** [G5] **Fundbüro ÖPNV,** VII. Akácfa u. 18, U-Bahn M2, Straßenbahn 4/6, Bus 5, 7, 7E, 8, 173, 173E und 178 Blaha Lujza tér oder Obus 74 Erzsébet körút (nur in Richtung Csáktornya park bedient), Tel. 2584636, www.bkv.hu, geöffnet: Mo. 8–20 Uhr, Di.–Do. 8–17 Uhr, Fr. 8–15 Uhr

Bei allgemeinen Anfragen zu verlorenen Gegenständen kann man einen der Info-Punkte (s. S. 103) des Budapester Tourismusamtes kontaktieren.

Öffnungszeiten

Ungarn kennt **kein Ladenschlussgesetz,** jedes Geschäft kann seine Öffnungszeiten frei bestimmen. Fachgeschäfte in der Innenstadt sind üblicherweise wochentags bis 18 oder 19 Uhr geöffnet, samstags oft nur bis 13 Uhr. Die Läden in den großen Einkaufszentren sowie Lebensmittelgeschäfte haben zumeist an sieben Tagen die Woche bis 20 Uhr geöffnet (für Lebensmittelgeschäfte, die rund um die Uhr geöffnet sind, s. S. 18). Bei Banken sollte man mit Öffnungszeiten von 9 Uhr bis 15.30 Uhr kalkulieren.

Post

Postfilialen erkennt man an grünen Schildern mit der Aufschrift *posta,* **Briefkästen** sind knallrot. Das **Porto** für Postkarten und Standardbriefe (bis 20 Gramm) ins europäische Ausland kostet derzeit 260 Ft mit Luftpost *(elsőbbségi)*. Beide sind etwa 2 bis 3 Werktage unterwegs. Briefmarken erhält man außer in den Postfilialen oft auch an Postkartenständen. Postpakete und Päckchen ins Ausland sind extrem teuer – hier ist Vorsicht geboten. Zentral gelegene Postfilialen in Budapest sind:

✉ **193** [B5] **Post**, I. Dísz tér 15 (im Burgviertel), Bus 16 Dísz tér, geöffnet: Mo.–Fr. 8–16 Uhr

✉ **194** [C5] **Post**, I. Fő u. 4, Straßenbahn 19/41, Bus 16, 86 und 105 Clark Ádám tér, geöffnet: Mo.–Fr. 8–12 Uhr

✉ **195** [A2] **Post**, II. Lövőház u. 1–5 (im Einkaufszentrum Mammut 2, 3. Stock), Straßenbahn 4/6, Bus 39 Széna tér oder U-Bahn M2, Straßenbahn 18 und 61, Bus 16 Széll Kálmán tér, geöffnet: Mo.–Fr. 8–20 Uhr, Sa.–So. 9–14 Uhr

✉ **196** [E4] **Post**, V. Bajcsy-Zsilinszky út 16, U-Bahn M1 Bajcsy-Zsilinszky út, geöffnet: Mo.–Fr. 8–20 Uhr

✉ **197** [D5] **Post**, V. Dorottya u. 9, U-Bahn M1 Vörösmarty tér, geöffnet: Mo.–Fr. 8–16 Uhr

✉ **198** [F6] **Post**, V. Múzeum krt. 31–33, U-Bahn M3, Straßenbahn 47/49, Bus 9, 15, 109 und 115 Kálvin tér, geöffnet: Mo.–Fr. 9–17 Uhr

✉ **199** [D2] **Post**, V. Szalay u. 10–14, Straßenbahn 2 Szalay utca oder Bus 15/115 Markó utca, geöffnet: Mo.–Fr. 8–15.30 Uhr

✉ **200** [F4] **Post**, VI. Hegedű u. 1/a, Obus 70 und 78 Akácfa utca oder Straßenbahn 4/6 Király utca, geöffnet: Mo.–Fr. 8–16 Uhr

✉ **201** [E2] **Post**, VI. Teréz krt. 51, U-Bahn M3, Straßenbahn 4/6, Bus 26, 91, 109, 191, 206 und 291, Obus 72 und 73 Nyugati pályaudvar, geöffnet: Mo.–Fr. 7–20 Uhr, Sa. 8–18 Uhr

✉ **202** [dg] **Post**, VIII. Baross tér 11/c (im Ostbahnhof, Eingang vom Parkplatz an der Nordseite), U-Bahn M2, Bus 5, 7, 7E, 173, 173E, 178 Keleti pályaudvar,

geöffnet: Mo.–Fr. 7–21 Uhr, Sa. 7–14 Uhr

✉ **203** [F6] **Post**, VIII. Rákóczi út 11, U-Bahn M2, Straßenbahn 47/49, Bus 5, 7, 8, 9, 109, 112, 173, 178, 233E und 239 Astoria, geöffnet: Mo.–Fr. 8–20 Uhr

✉ **204** [F7] **Post**, IX. Gönczy Pál u. 2, Straßenbahn 2 und 47/49, Bus 15/115 Fővám tér (Bus 15/115 nur in Richtung Boráros tér bedient), geöffnet: Mo.–Fr. 8–19 Uhr

Radfahren

Fahrradfahren ist in Budapest nicht nur eine Fortbewegungsart, sondern auch eine **politische Aussage**: für mehr Grün und bessere Luft, für weniger Autos und Smog. Während vor 15 Jahren praktisch niemand mit dem Rad fuhr, schwingen sich heute immer mehr Budapester auf ihren Drahtesel. Zweimal im Jahr legen bis zu 80.000 Radler bei der größten Fahrrademo der Welt namens „Critical Mass" den Autoverkehr in der gesamten Innenstadt lahm. Dennoch sorgen **aggressive Autofahrer** und ein **lückenhaftes Radwegenetz** dafür, dass die Erkundung Budapests per Fahrrad nur etwas für absolute Aficionados ist.

Die Preise für ein Leihfahrrad variieren zwischen 2500 und 4000 Ft für 24 Stunden. Bei den im Folgenden genannten Anbietern können auch organisierte Fahrradstadtführungen gebucht werden.

▷ *Radfahren kann in Budapest ein riskantes Vergnügen sein*

049p Abb.: mt

●**205** [E3] **Bikebase,** VI. Podmaniczky u. 19, U-Bahn M3, Straßenbahn 4/6, Bus 26, 91, 109, 191, 206 und 291, Obus 72 und 73 Nyugati pályaudvar, Tel. 2695983, www.bikebase.hu, geöffnet: Mo.–So. 9–19 Uhr

●**206** [D4] **Budabike,** V. Sas u. (am Eingang der Tiefgarage bei der Basilika), U-Bahn M1 Bajcsy-Zsilinszky út oder U-Bahn M2 und M3, Straßenbahn 47/49, Bus 9, 16, 105 und 109 Deák Ferenc tér, Tel. +36 702080003, www.budabike.com, geöffnet: Mo.–So. 0–4 Uhr

●**207** [E4] **Yellow Zebra Bikes,** VI. Lázár u. 16, U-Bahn M1, Bus 105 Opera, Tel. 2693843, www.yellowzebrabikes. com, geöffnet: April–Oktober: Mo.–So. 9.30–19 Uhr, November–März: Mo.–So. 10–18.30 Uhr

Schwule und Lesben

Leider ist Homosexualität in Ungarn auch im 21. Jh. noch ein kontrovers diskutiertes Thema. Die Auseinandersetzung beschränkt sich allerdings weitgehend auf die im Spätsommer stattfindende **Budapest Pride,** die anders als in westeuropäischen Großstädten kein buntes Straßenfest, sondern eine durch und durch politische Demonstration für Gleichberechtigung ist. Ansonsten können sich Homosexuelle jederzeit und auch als Paar problemlos in der Stadt bewegen.

Einige besondere Orte:

●**208** [E3] **Alterego,** VI. Desewffy u. 33, Obus 70 und 78 Zichy Jenő utca, Tel. +36 703454302, www.alteregoclub.hu,

geöffnet: Fr. und Sa. Klassische Szene-
disko (für Männer) mit verschiedenen
Themenpartys und Travestie.

209 [E7] **Capella**, V. Belgrád rakpart
23, Straßenbahn 2, Bus 15/115 Március 15. tér (Bus 15/115 nur in Richtung Boráros tér bedient), www.capella
cafe.hu, geöffnet: Mi. 22–4 Uhr, Fr.–Sa.
22–5 Uhr. Traditionsreicher Klub mit Tra-
vestieshows jeweils um 0.30 und 2 Uhr.
Gemischtes Publikum, aber weit über-
wiegend schwule Männer und heterose-
xuelle Frauen.

210 [F4] **Eklektika**, VI. Nagymező u. 30,
Obus 70 und 78 Andrássy út (Opera
M), Tel. 2661226, www.eklektika.hu,
geöffnet: Mo.–So. 12–24 Uhr. Freundliches Café-Restaurant mit einem Herz
für lesbische Gäste. Eine der besten
(gemischten) Silvesterpartys der Stadt.
WLAN-Hotspot.

211 [E6] **Habroló**, V. Szép u. 1/b, U-Bahn
M3, Bus 5, 7, 7E, 8, 15, 112, 115, 173,
173E, 178, 233E und 239 Ferenciek
tere (auf den Linien 15 und 115 nur in
Richtung Lehel tér/Árpád híd bedient),
Tel. 9506644, www.habrolo.hu, geöff-
net: Mo.–Fr. 9–4 Uhr, Sa.–So. 10–4
Uhr. Nette Szenekneipe (für Männer)
in der Innenstadt. Sonntags Karaoke.
WLAN-Hotspot.

212 [E3] **Mystery Bar**, V. Nagysándor
József u. 3, U-Bahn M3 Arany János
utca, Tel. 3121436, www.mysterybar.
hu, geöffnet: Mo.–Do. 12–2 Uhr, Fr.–Sa.
12–4 Uhr, So. 12–2 Uhr. Gemütliche
Szenebar (für Männer) und Internetcafé.
WLAN-Hotspot.

213 [F5] **Underground**, VII. Dohány
u. 22–24, Bus 5, 7, 8, 112, 173,
178, 233E und 239 Uránia, Tel. +36
202618999, www.clubunderground.hu,
geöffnet: Mo.–Di. 23–0 Uhr, Mi. 23–2
Uhr, Do. 23–0 Uhr, Fr. 22–6 Uhr, Sa. 22
bis open end. Vor allem von Frauen fre-
quentierter Klub und Disco. Mindestver-
zehr freitags 1000, samstags 2000 Ft.

Sicherheit

Budapest ist eine **rundum sichere
Großstadt**, in der sich auch Einzelreisende zu jeder Tages- und Nachtzeit
frei bewegen können, ohne Angst haben zu müssen. Die häufigsten Delik-
te, deren Opfer ausländische Besucher werden, sind Taschendiebstahl
oder Betrug in Geschäften und Restaurants. Autofahrer sollten außerdem beim Abstellen ihres Fahrzeugs
keine Wertsachen sichtbar im Innenraum liegenlassen.

Gegen **Taschendiebe** hilft umsichti-
ges Verhalten, insbesondere in Menschenmengen und öffentlichen Verkehrsmitteln. Taschen sollte man immer schließen und im Sichtfeld tragen.
In den vor allem von Touristen genutzten ÖPNV-Linien (Straßenbahn 2 und
Bus 16) sind ab und zu Betrüger unterwegs, die sich als Kontrolleure ausge-
ben und von Fahrgästen ohne Ticket
Bußgelder in bar verlangen. Im Zweifel
den Dienstausweis zeigen lassen und
statt Barzahlung einen Überweisungs-
träger verlangen, den die **falschen
Kontrolleure** natürlich nicht dabei haben. In **Geschäften,** die vor allem Touristen bedienen, wird hin und wieder
mit dem Wechselgeld getrickst, und
private Taxifahrer (die nicht zu einem
der großen Taxiunternehmen gehören,
s. S. 123) versuchen öfters, den Fahrgästen alte ausländische Geldscheine
anzudrehen. Hier muss man wachsam
sein, sich Zeit für das Nachzählen nehmen und in Geschäften die Quittung
genau prüfen. Unter den Gastronomen gibt es leider einige, die mit billigen Methoden versuchen, Touristen
übers Ohr zu hauen.

Einzeln oder in Gruppen reisen-
de Herren sollten sich vor den sogenannten „**Konsumdamen**" in Acht
nehmen. Das sind attraktive junge

Frauen, die einen auf der Straße ansprechen und sich auf einen Drink in eine Bar „um die Ecke" einladen lassen. Die anschließende Rechnung für das gemeinsame Vergnügen (diese Masche steht übrigens nicht zwangsweise in Zusammenhang mit Prostitution) beträgt nicht selten mehrere Hundert oder gar Tausend Euro, die in Anbetracht der männlichen Kollegen dieser Damen dann in der Regel auch gezahlt werden. Hier ist wirklich Vorsicht geboten!

Die **Drogengesetzgebung** Ungarns ist sehr streng. Schon der Besitz von geringen Mengen sogenannter „weicher" Drogen ist verboten. Der Besitz größerer Mengen sowie der Verkauf können schwere Gefängnisstrafen nach sich ziehen. Folglich sind Drogenkonsumenten im öffentlichen Raum in Ungarn ein eher seltener Anblick und auch als Besucher sollte man sich auf diese Gepflogenheiten einstellen.

An den Nationalfeiertagen am 15. März und am 23. Oktober finden im Stadtzentrum **politische Kundgebungen** unter großem Polizeiaufgebot statt. Im Nachgang kommt es häufiger zu Ausschreitungen (der 1. Mai in Berlin lässt grüßen), sodass man sich hier besonders umsichtig verhalten sollte. Zum Verhalten bei Notfällen siehe S. 109.

Sprache

Ungarisch gehört zur finno-ugrischen Sprachfamilie und ist somit in Europa nur mit Finnisch und Estnisch entfernt verwandt, wobei eine gegenseitige Verständigung nicht möglich ist. Ausländische Besucher werden sich schwertun, überhaupt Worte zu erkennen, die sie aus anderen Sprachen ableiten könnten. Nur gut, dass

man in Budapest praktisch überall mit **Englisch** oder **Deutsch** durchkommt. Die meisten Budapester sprechen eine der beiden Sprachen, seltener beide, deswegen – und aus Höflichkeit – sollte man fragen, bevor man jemanden in einer Fremdsprache anspricht. **Mit Russisch** sollte man sich dagegen **zurückhalten**. Fast alle Ungarn haben die Sprache des gar nicht freundlichen „Großen Bruders" nach der Wende blitzschnell vergessen, obwohl sie bis 1989 Pflichtfach in den Schulen war.

Wer sich trotz der Schwierigkeiten an der ungarischen Sprache versuchen möchte, ist hierzu herzlich eingeladen. Er wird bei den Einheimischen Bewunderung und unter Umständen ein wohlwollend-schmunzelndes Kopfschütteln ob des extrem schwierig scheinenden Unterfangens ernten. Eine kleine Sprachhilfe findet sich im Anhang ab S. 126.

◁ *Sprachanfänger kann sogar das Entziffern ungarischer Straßenschilder vor Herausforderungen stellen*

Stadttouren

› **Dunayacht,** Tel. +36–305395057, www.dunayacht.com. Einstündige Schiffstouren durch die Stadt. Abfahrt von April bis Oktober stündlich zur Minute 45, die letzte Abfahrt um 21.30 Uhr. Von November bis März Fahrten ab 14 Uhr stündlich zur Minute 30, die letzte Abfahrt um 17 Uhr. Preis: 2100 Ft, für Schüler und Studenten 1900 Ft. Während der Fahrt Kommentar auf Englisch und Deutsch. Abfahrt von der Pester Seite der Elisabethbrücke [D6], Anleger 10.

› **Giraffe,** Tel. 3276690, www.hoponhop off.hu. Hop-on-hop-off-Touren auf zwei verschiedenen Bus- und einer Bootsroute. Zahlreiche Einstiegsstellen im gesamten Stadtzentrum, zum Beispiel Deák Ferenc tér oder im Burgviertel vor dem Café Korona (s. S. 35). Preisbeispiele: 4500 Ft für 24 Stunden, 6000 Ft mit kombinierter Fahrkarte für die öffentlichen Verkehrsmittel. Fahrkarten können an den Ständen des Anbieters an den Zustiegsstellen gekauft werden. Außerdem gibt es ein breites Angebot an diversen Stadtführungen und Touren in die Umgebung.

› **Legenda,** Tel. 3172203, www.legenda.hu. Verschiedene Schifffahrten von der einstündigen Stadtrundfahrt bis zum Candle-Light-Dinner. Preisbeispiel: Einstündige Stadtrundfahrt 2900 Ft. Abfahrt auf Höhe Vigadó tér [D5], Anleger 7.

› **Mahart,** Tel. 3181223, www.mahart passnave.hu. Stadtrundfahrten und diverse andere Touren per Schiff. Abfahrt immer zur vollen Stunde ab Vigadó tér [D5], Anleger 5. Preisbeispiel: 2990 Ft, für Schüler und Studenten 2490 Ft.

› **Programcentrum,** Tel. 3177767, www.programcentrum.hu. Hop-on-hop-off-Touren auf zwei verschiedenen Busrouten mit Einstiegsstellen in der gesamten Innenstadt, zum Beispiel Deák Ferenc tér oder im Burgviertel vor dem Café Korona (s. S. 35). Dazu zahlreiche weitere Möglichkeiten für Stadttouren. Preisbeispiel: Hop-on-hop-off-Tour 6000 Ft für 24 Stunden. Fahrkarten können an den Ständen des Anbieters an den Zustiegsstellen gekauft werden. Außerdem gibt es ein breites Angebot an diversen Stadtführungen und Touren in die Umgebung.

› **Sweet Travel,** Tel. +36 703227169, www.sweettravel.hu. Private Touren per Pkw, Oldtimer oder zu Fuß.

Telefonieren

Budapester **Festnetznummern** haben die **Ortsvorwahl 1, Handynummern** die Vorwahlen 20, 30, 31 oder 70. Bei **Telefonaten im Inland** muss zunächst die 06 gewählt werden, anschließend die Ortsvorwahl und dann die Rufnummer. Im Roamingbetrieb funktioniert dies manchmal nicht; in einem solchen Fall ist es am besten, statt der 06 die internationale Vorwahl Ungarns 0036 zu wählen. In diesem Buch sind Budapester Festnetznummern stets ohne, Handynummern hingegen mit Vorwahl angegeben.

Die Ungarn sind **absolute Handy-Fans.** In der Altersgruppe bis 60 Jahre besitzen praktisch alle Einwohner des Landes mindestens ein Mobiltelefon, einen Festnetzanschluss hat kaum noch jemand. Dementsprechend ist die Zahl der **Telefonzellen** auf ein Mindestmaß geschrumpft.

EXTRAINFO

Ländervorwahlen
› **Ungarn:** 0036
› **Deutschland:** 0049
› **Österreich:** 0043
› **Schweiz:** 0041

In Budapest findet man öffentliche Fernsprecher am ehesten noch in den Fußgängerunterführungen. Die meisten funktionieren mit Forint- und Euro-Münzen und sind auch anrufbar.

Roaming mit dem Mobiltelefon ist unproblematisch. Die von der EU-Kommission festgelegten Tarifobergrenzen für internationales Roaming innerhalb der EU betragen aktuell 0,29 Euro/Minute für abgehende sowie 0,08 Euro/Minute für eingehende Anrufe. SMS dürfen höchstens 9 Cent kosten, mobiles Internet 70 Cent pro Megabyte. Die angegebenen Preise gelten zuzüglich Mehrwertsteuer. In der Praxis liegen die Tarife vieler Anbieter darunter, den genauen Preis kann man bei seinem Provider erfragen. Für Schweizer Mobilfunkkunden gelten diese Höchsttarife nicht.

Uhrzeit

Ungarn befindet sich in derselben Zeitzone wie die deutschsprachigen Länder. Auch die Umstellung auf Sommer- beziehungsweise Winterzeit erfolgt identisch.

Unterkunft

Hotels

Seit einigen Jahren werden in Budapest immer mehr neue Hotels insbesondere der oberen Qualitätskategorien eröffnet. Diese Entwicklung hat den angenehmen Effekt, dass man für deutlich weniger Geld in der 4- und 5-Sterne-Kategorie übernachten kann als in anderen europäischen Metropolen. **Preislich** unterscheiden die Hotels zwischen der **Hauptsaison** von Ostern bis Ende August und um Weihnachten herum sowie der **Nebensaison.** Teurere Sonderpreise gelten am Formel-1-Wochenende und während des Sziget-Festivals im August sowie an Silvester. Hotelzimmerpreise werden grundsätzlich in **Euro** angegeben und berechnet.

Bei der Buchung über kommerzielle **Reservierungssysteme** wie etwa www.hrs.de, www.booking.com oder www.inthotels.com bzw. ihre ungarischen Pendants www.budapesthotel reservation.hu und www.budapest hotelstart.com können teilweise extrem günstige Preise erzielt werden. Aber es lohnt sich auch der Blick auf die Internetseiten der Hotels, wo oft Last-Minute-, Wochenend- und ähnliche Aktionen angeboten werden. Alle gängigen **Hotelketten** sind auch in Budapest präsent und im Internet leicht aufzufinden. Die folgende Auswahl konzentriert sich deshalb auf besondere, individuelle Unterkunftsmöglichkeiten.

△ *Seit dem Siegeszug der Handys telefonieren die meisten Ungarn „open air"*

062bp Abb.: mt

🏠 **214** [cf] **Andrássy** €€, VI. Andrássy út 111, U-Bahn M3, Bus 105 Bajza utca, Tel. 4622100, www.mamaison.com/budapest-andrassy-hotel-andrassy.html. Edles Boutiquehotel in einem der seltenen Bauhaus-Gebäude der Stadt. Direkt auf der Andrássy út, nur wenige Schritte vom Heldenplatz entfernt.

🏠 **215** [ch] **Bo18** €, VIII. Vajdahunyad u. 18, U-Bahn M3, Straßenbahn 4/6 Corvinnegyed, Tel. 4683526, www.bo18hotel.hu. Neues, freundliches und sehr preisgünstiges 3-Sterne-Superior-Hotel im legendären VIII. Bezirk. Von den Zimmern zur Straßenseite hin sieht man auf der gegenüberliegenden Fassade Einschusslöcher aus der Zeit der Revolution von 1956. Wer es friedlicher mag, nimmt ein Zimmer mit Fenstern zum begrünten Innenhof.

🏠 **216** [F6] **Brody House** €€, VIII. Bródy Sándor u. 10, U-Bahn M3, Straßenbahn 47/49, Bus 9, 15, 109 und 115 Kálvin tér, Tel. 2661211, www.brodyhouse.com. Acht individuell designte Zimmer in einem ehemaligen Herrensitz mitten im Palaisviertel.

🏠 **217** [A4] **Buda Castle Fashion Hotel** €€€, I. Úri u. 39, Bus 16 Szentháromság tér, www.budacastlehotelbudapest.com, Tel. 2247900. Spektakuläres 4-Sterne-Superior-Hotel in einem historischen Haus des Burgviertels. Edle Einrichtung, toller Innenhof.

Preiskategorien

Annäherrungswert für den Preis eines DZ pro Nacht inkl. Frühstück in der Hauptsaison.

€	bis 60 €
€€	60–120 €
€€€	120–170 €
€€€€	über 170 €

🏠 **218** [B4] **Burg** €€, I. Szentháromság tér 7–8, Bus 16 Szentháromség tér, Tel. 2123970, www.burghotelbudapest.com. Etwas biederes Hotel der Kategorie 3 Sterne Superior. Absoluter Pluspunkt ist aber die Lage gegenüber der Matthiaskirche im Burgviertel. Für Gäste, die Schwierigkeiten mit dem Gehen und/oder schweres Gepäck haben, eher nicht zu empfehlen, da es für die (wenigen) Treppen keinen Aufzug gibt.

🏠 **219** [A3] **Castle Garden** €€, I. Lovas út 41, Bus 16 Ostrom utca (in Richtung Széll Kálmán tér) bzw. Mátray utca (in Richtung Deák Ferenc tér), Tel. 2247420, www.castlegarden.hu. Architektonisch ansprechendes, freundliches Hotel direkt unterhalb des Burgviertels am Wiener Tor.

🏠 **220** [E7] **Cosmo** €€, V. Váci u. 77, Straßenbahn 2 und 47/49, Bus 15/115 Fővám tér (auf Buslinie 15/115 nur in Richtung Boráros tér bedient), Tel. 7990077, www.cosmohotel.hu. Trendig eingerichtetes 4-Sterne-Haus mitten an der Váci utca in der Nähe der Großen Markthalle. Ruhig durch die Lage in der Fußgängerzone.

🏠 **221** [E7] **Estilo** €€, V. Váci u. 83, Straßenbahn 2 und 47/49, Bus 15/115 Fővám tér (auf Buslinie 15/115 nur in Richtung Boráros tér bedient), Tel. 7997170, www.estilohotelbudapest.com. Gemütliches Business-Hotel an der Váci utca in der Nähe der Großen Markthalle. Ruhige Lage.

🏠 **222** [D4] **Four Seasons Gresham Palace** €€€€, V. Széchenyi István tér 5–6, Straßenbahn 2, Bus 16 und 105 Széchenyi István tér, Tel. 2686000, www.fourseasons.com/budapest. 5-Sterne-Hotel in einem der bedeutendsten Jugendstilgebäude der Stadt. Toplage zwischen St.-Stephans-Basilika und Kettenbrücke mit Blick auf das Burgviertel.

❯ **Gerlóczy** €€ (s. S. 34), Tel. 5014000, www.gerloczy.hu. Tolle Zimmer mit individuellen Designmöbeln über dem gleichnamigen Café. Sehr ruhig.

🏠**223** [C5] **Lánchíd 19** €€€, I. Lánchíd u. 19, Straßenbahn 19/41, Bus 16, 86 und 105 Clark Ádám tér, Tel. 4191900, www.lanchid19hotel.hu. Das Hotel wurde komplett von jungen ungarischen Designern entworfen. In der Lobby geben Glaswände den Blick auf Mauern aus der Renaissancezeit im Innenhof frei. Die 45 Zimmer und 3 Suiten sind jeweils unterschiedlich eingerichtet.

🏠**224** [E2] **Marmara** €€€, V. Nagy Ignác u. 21, U-Bahn M3, Straßenbahn 4/6, Bus 26, 91, 109, 191, 206 und 291, Obus 72 und 73 Nyugati pályaudvar, Tel. 5019100, www.marmara.hu. Modernes 4-Sterne-Haus in einem etwas seltsamen pseudo-orientalischen Stil. Sehr komfortabel und zentral in einer ruhigen Nebenstraße am Westbahnhof gelegen.

🏠**225** [G7] **Palazzo Zichy** €€€, VIII. Lőrinc pap tér 2, Straßenbahn 4/6, Bus 9/109 Harminckettesek tere, Tel. 2354000, www.hotel-palazzo-zichy.hu. Architektonisch ansprechendes 4-Sterne-Haus im ehemaligen Stadtpalais des Grafen Nándor Zichy. Das alte Gebäude wurde wunderschön renoviert und durch ein zeitgemäßes Interieur mit edlen Materialien komplettiert. Auf dem kleinen Platz vor dem Hotel steht eine Statue des ehemaligen Hausherrn, der sich um die Jahrhundertwende herum für die Ansiedlung katholischer Institutionen in den benachbarten Gassen stark gemacht hat.

🏠**226** [D6] **Promenade** €€, V. Váci u. 22, Bus 15/115 Szervita tér (nur in Richtung Lehel tér/Árpád híd bedient) bzw. Petőfi tér (nur in Richtung Boráros tér bedient), www.promenadehotelbudapest.hu, Tel. 7994444. Solides Mittelklassehotel im Gewusel der Váci utca. Sehr zentral.

052bp Abb.: mt

🏠**227** [E3] **Star Inn** €€, VI. Desewffy u. 36, Obus 70 und 78 Zichy Jenő utca, Tel. 4722020, www.starinnhotels.com. Sehr preisgünstiges 3-Sterne-Hotel in unmittelbarer Nähe von Oktogon und Staatsoper.

Hostels und Apartmenthäuser

In den typischen Pester Mietshäusern werden sehr viele Altbauwohnungen als **Hostels** und **Gästezimmer** genutzt. Die Buchung erfolgt am besten über Internetportale wie www.hostels.com oder www.hostelworld.com, wo ein breites Angebot zur Auswahl steht. Neben den üblichen Schlafsälen bieten fast alle Hostels Einzel- und Doppelzimmer an. Zu warnen ist allerdings vor Herbergen, die an **Abbruchklubs** wie Instant oder Grandio gekoppelt sind – hier dauert die Party bis zum nächsten Morgen,

▷ *Unterkunft vom Feinsten: das Four Seasons direkt an der Kettenbrücke*

man wird keine Minute Schlaf finden. **Apartments,** die man oft schon ab einer Nacht buchen kann, sind ebenfalls eine preisgünstige Alternative. Unter www.9flats.com, www.wimdu. de, www.airbnb.com und www.only-apartments.com findet sich eine große Auswahl. Einige Tipps:

☎ **228** [G5] **Agape Guesthouse,** VII. Akácfa u. 12–14, U-Bahn M2, Straßenbahn 4/6, Bus 5, 7, 7E, 8, 173, 173E und 178 Blaha Lujza tér oder Obus 74 Erzsébet körút (nur in Richtung Csáktornya park bedient), Tel. 3174833, www. agapeguesthouse.hu, ab 34 € für ein DZ. Mitten im historischen jüdischen Viertel vermietet Agape modern-schlicht eingerichtete Ferienwohnungen schon ab einer Nacht. Die Wohnungen befinden sich in einem schmucklosen Neubaublock, sind aber preislich unschlagbar, sehr zentral gelegen und komfortabel.

☎ **229** [E6] **Ginkgo Hostel,** V. Szép u. 5, U-Bahn M3, Bus 5, 7, 7E, 8, 15, 112, 115, 173, 173E, 178, 233E und 239 Ferenciek tere (auf den Linien 15 und 115 nur in Richtung Lehel tér/Árpád híd bedient), Tel. 2666107, www.ginkgo.hu, ab 44 € für ein DZ. Typisches Altbauhostel mitten in der Innenstadt. Einfaches, sauberes Ambiente, besonders für junge Leute zu empfehlen. Kinderfreundliche Einrichtung.

☎ **230** [F7] **Lavender Circus,** V. Múzeum krt. 37, U-Bahn M3, Straßenbahn 47/49, Bus 9, 15, 109 und 115 Kálvin tér, Tel. +36 706184536, www.lavendercircus. com, ab 36 € für ein DZ. Fantasievoll eingerichtete Altbaupension in einem schön renovierten Gebäude direkt gegenüber des Nationalmuseums.

☎ **231** [ch] **Prater Residence,** VIII. Práter u. 24, U-Bahn M3, Straßenbahn 4/6 Corvin-negyed, Tel. 7899608, www. prater-residence.com, ab 49 € für ein DZ. Moderne, schnörkellos eingerichtete Apartments für bis zu 6 Personen.

Verhaltenstipps

Die Ungarn sind im Allgemeinen sehr höflich, aber **ernsthaft.** Insofern sollte man eine gewisse **Distanziertheit** nicht als Unfreundlichkeit werten. Dies gilt auch für Angestellte von Geschäften, Restaurants und anderen Dienstleistungsbetrieben: Die Kundenfreundlichkeit wird nicht anhand der Breite des Lächelns gemessen. **Körperliche Nähe** wird dagegen nicht gescheut. In Menschenmengen oder bei Warteschlangen wird deutlich weniger Abstand zu den Nebenleuten gehalten als in den deutschsprachigen Ländern üblich. In öffentlichen Verkehrsmitteln kann man sich mit einem großen Rucksack auf dem Rücken aber sehr schnell sehr unbeliebt machen. Besser ist es, das Gepäckstück zwischen die Füße auf den Boden zu stellen – das hilft übrigens auch gegen Taschendiebstahl. Wer der ungarischen Sprache nicht mächtig ist, sollte sich nach den **Sprachkenntnissen** des Gegenübers erkundigen, bevor er jemanden in einer Fremdsprache anspricht.

Verkehrsmittel

Die **Budapester Verkehrsbetriebe BKV** betreiben ein ausgedehntes, engmaschiges Nahverkehrsnetz aus U-Bahnen, Bussen, Straßenbahnen und Oberleitungsbussen, mit denen sich die Stadt hervorragend erkunden lässt. Die Fahrzeuge, insbesondere die U-Bahn-Züge und die Busse, sind aufgrund der prekären finanziellen Situation der BKV zum großen Teil altersschwach bis antik. Niederflurfahrzeuge verkehren nur auf der Straßenbahnlinie 4/6 sowie auf den zentralen Bus- und Obus-Linien. Die

U-Bahn ist nur über Treppenstufen zugänglich. Sämtliche Linien verkehren tagsüber alle paar Minuten, auch abends und am Wochenende muss man nie länger als 8 bis 10 Minuten warten.

U-Bahn

Die drei U-Bahn-Linien haben ihren einzigen Knotenpunkt am Deák Ferenc tér [E5] und fahren von dort aus sternförmig in alle Himmelsrichtungen. Die Linien sind offiziell M1, M2 und M3 benannt, aber kein Budapester kennt sie unter diesen Bezeichnungen.

Die **Linie M1** (im Sprachgebrauch *kisföldalatti*) fährt vom Vörösmarty tér zum Heldenplatz hinaus und war bei ihrer Inbetriebnahme 1896 die erste elektrische U-Bahn des europäischen Kontinents. Bis heute ist die kleine **Unterpflasterbahn** ein beliebtes Alltagsverkehrsmittel und zudem sehr sehenswert.

Die in den 1970er-Jahren erbauten Linien **M2** und **M3** (im Sprachgebrauch *metró*) durchqueren die Stadt von Westen nach Osten beziehungsweise von Norden nach Süden und werden von den Budapestern nach ihren Farben auf dem Fahrplan unterschieden: *Piros* (rot, M2) beziehungsweise *kék* (blau, M3). Die *metró* ist das schnellste und effizienteste Verkehrsmittel, besonders für Strecken ab drei Haltestellen. Vorsicht ist bei den Rolltreppen geboten: Sie sind nicht nur sehr lang, sondern auch extrem schnell.

Bus (Busz)

Die für Touristen nützlichsten Buslinien sind die 16, die 7/173 sowie die 15. Die **Linie 16** verbindet die Ver-

kehrsknotenpunkte Deák Ferenc tér ([E5], in Pest) und Széll Kálmán tér ([A3], in Buda) mit dem Burgviertel und ist besonders empfehlenswert, wenn man sich den steilen Aufstieg zu Matthiaskirche und Fischerbastei ersparen möchte. Oben angekommen, durchqueren die kleinen, häufig überfüllten Midibusse (auf Taschendiebe achten!) das Burgviertel in Längsrichtung. Busse mit der Nummerierung 16A und 116 verkehren nur zwischen dem Széll Kálmán tér und dem Burgviertel, fahren jedoch nicht auf die Pester Seite hinunter.

Die **Linien 7 und 173** verkehren zwischen dem südlichen Buda und den östlichen Pester Außenbezirken. Die Busse überqueren von Buda kommend die Donau auf der Elisabethbrücke [D6] und durchfahren dann die Hauptverkehrsachse der Innenstadt in Richtung Ostbahnhof **35**. Die unterschiedliche Nummerierung bezieht sich lediglich auf die Endhaltestellen, im Stadtzentrum fahren alle Busse der Linien 7, 7E, 173 und 173E die gleiche Route. Das „E" hinter der Nummer weist darauf hin, dass nur die wichtigeren Haltestellen mit Umsteigemöglichkeit angefahren werden.

Die **Linie 15** (abends und an Wochenenden 115) durchquert die Innenstadt auf einem Rundkurs in Nord-Süd-Richtung und ist besonders für Fahrtziele um das Parlament herum empfehlenswert. In Richtung Boráros tér hält die Linie direkt an der Großen Markthalle.

Weitere wichtige Linien sind die 200E, die die U-Bahn-Endstation Kőbánya-Kispest mit dem Flughafen verbindet, die 86, die das Budaer Donauufer entlang bis nach Óbuda fährt, sowie die 9 (abends und an Wochenenden 109), die die Pester Innenstadt

053bp Abb.: mt

auf dem Kleinen Ring umrundet und eine Alternative für diejenigen darstellt, die Schwierigkeiten mit den hohen Treppenstufen der parallel fahrenden Straßenbahnen haben.

Straßenbahn (Villamos)

Die wichtigsten Straßenbahnlinien für Budapest-Besucher sind die 2, die 4/6, die 19/41 und die 47/49. Bei den mit Schrägstrich aufgeführten „Doppel-Linien" unterscheiden sich lediglich die Endhaltestellen am Stadtrand, in dem für Touristen relevanten Bereich der Stadt fahren sie dieselbe Route.

Die **Straßenbahnlinie 2** fährt am Pester Donauufer entlang und bietet die schnellste Verbindung zwischen den Sehenswürdigkeiten der Innenstadt. Während man an der Großen Markthalle, der Kettenbrücke und dem Parlament vorbeizuckelt, ge-

nießt man zur anderen Seite das Panorama des Burgviertels. Diese Strecke nimmt es mit jeder Stadtrundfahrt auf!

Das Pendant der 2 auf Budaer Seite ist die **Linie 19/41**. Von Süd-Buda kommend, passiert die Tram das alt-ehrwürdige Hotel Gellért, das Rudas-Bad mit seiner türkischen Kuppel und die Kettenbrücke, bevor sie am Batthyány tér direkt gegenüber dem Parlament ㉙ endet.

Die für die Einheimischen wohl wichtigste Straßenbahnlinie ist die **Linie 4/6**, die vom Széll Kálmán tér ausgehend die Margarethenbrücke überquert und dann den gesamten Großen Ring entlangfährt. Die **Linie 47/49** überquert die Donau auf der Freiheitsbrücke, hält direkt vor der Großen Markthalle und fährt dann auf dem Kleinen Ring am National-museum vorbei bis zum Deák Ferenc tér [E5].

Obus (Troli)

Die **Oberleitungsbusse** verkehren in den Nebenstraßen des Pester Stadtzentrums und bieten interessante Ausblicke abseits der Hauptverkehrsachsen. Die erste Linie, die 70, nahm 1949 an Stalins 70. Geburtstag den Verkehr auf.

S-Bahn (HÉV)

Die HÉV genannten S-Bahn-Linien verbinden einige Vororte mit der Innenstadt. Für Besucher relevant sind die **Linie H8** nach Gödöllő sowie die **Linie H5**, mit der vom zentral gelegenen Batthyány tér [C3] aus das Römermuseum Aquincum (s. S. 43) und Szentendre ㊴ angesteuert werden können. Die Bahnen fahren tagsüber alle 15 oder 30 Minuten. Für Ziele jenseits der Stadtgrenze (zum Beispiel Gödöllő ㊳ oder Szentendre) wird ein **Zusatzfahrschein** benötigt, den man an den Schaltern der HÉV-Stationen erhält.

Andere Verkehrsmittel

Budapest hat neben den oben aufgeführten noch einige andere, eher ungewöhnliche Verkehrsmittel zu bieten. Besonders prominent ist die **Standseilbahn** ❼, die von der Budaer Seite der Kettenbrücke ins Burgviertel hochfährt. Obwohl die 1870 eröffnete Bahn den Budapester Verkehrsbetrieben gehört, muss in der Station ein gesonderter Fahrschein gelöst werden. Eine einfache Fahrt kostet 900, hin und zurück 1500 Ft (für Kinder von 3–14 Jahren 550/1000 Ft).

Eine größere Höhendistanz bewältigt der **Sessellift** (libegő). Am nördlichen Stadtrand fährt sie auf den höchsten Punkt Budapests, den János(Johannes)-Berg (527 m). Auch hier muss ein gesonderter Fahrschein gelöst werden. Eine einfache Fahrt kostet 800 Ft, hin und zurück 1300 Ft (für Kinder von 3 bis 14 Jahren 500/750 Ft). Die Talstation der Seilbahn kann mit der Buslinie 291 vom Westbahnhof erreicht werden. Die Anfahrt dauert rund 25 Minuten. Oben kann man den Rundblick vom Aussichtsturm und einen Kaffee auf der Terrasse genießen.

Der János-Berg kann auch mit der **Kindereisenbahn** (gyermekvasút) erreicht werden. Auf dieser 1948 eröffneten Schmalspurbahn leisten Kinder im Alter von 10–14 Jahren Dienst als Eisenbahner (lediglich die Lokführer und die Stationsvorsteher sind Erwachsene). Das prestigeträchtige Hobby, für das die Kinder ein strenges Auswahlverfahren durchlaufen müssen, dient auch als Vorbereitung für eine Karriere bei der Bahn. Die kleine Bahn schlängelt sich in rund 40 Minuten vom Széchenyi-Berg durch eine sehenswerte Waldlandschaft nach Hűvösvölgy. Die Anfahrt zur Kindereisenbahn erfolgt mit dem Sessellift (s. o.) zur Zwischenstation János-hegy, mit der Straßenbahn 61 vom Széll Kálmán tér zur Endstation Hűvösvölgy oder aber mit der Schwabenbergbahn (s. unten). Eine einfache Fahrt kostet 700 Ft, für Kinder zwischen 6 und 14 Jahren 350 Ft. Fahrpläne und Infos gibt es unter www.gyermekvasut.hu.

Die **Schwabenbergbahn** (fogaskerekű), eine Zahnradbahn, fährt aus dem Városmajor-Park los, der zwei Straßenbahnhaltestellen vom Széll

◁ *Die Linie 2 gilt als eine der schönsten Straßenbahnlinien der Welt*

Kálmán tér [A3] entfernt ist (Linien 59 und 61 Richtung Szent János Kórház bzw. Hűvösvölgy). Die Bahn wurde 1874 vom Unternehmen des Schweizer Bergbahnpioniers Niklaus Riggenbach als zweite Zahnradbahn in Europa (nach der Vitznau-Rigi-Bahn bei Luzern) errichtet und trägt heute die Liniennummer 60. Als einziges der hier aufgeführten Verkehrsmittel kann sie mit einem gewöhnlichen BKV-Fahrschein genutzt werden. Bei der Station Svábhegy kann man eine Pause im gegenüber gelegenen Café Szépkilátás (XII. Szépkilátás u. 1, Tel. 3917740, geöffnet: Mo.–So. 9–19 Uhr, im Sommer bis 20 Uhr) einlegen, die Endstation lockt mit beschaulichen Wanderwegen und dem Abfahrtsbahnhof der Kindereisenbahn (s. o.).

Die BKV bieten auch eine **Schiffslinie** auf der Donau an. Die Schiffe fahren zwischen Óbuda und der Rákóczi-Brücke und zurück etwa einmal stündlich im Zickzackkurs. Im Gegensatz zu den Fahrzeugen der kommerziellen Anbieter weisen die BKV-Schiffe kein Aussichtsdeck auf, sodass die Sicht auf die Sehenswürdigkeiten entlang der Donau stark eingeschränkt ist. Dafür ist das Vergnügen sehr preiswert: Eine Fahrt kostet 450 Ft (Tickets gibt es nur auf dem Schiff), von Montag bis Freitag gelten sogar die Zeitkarten.

Nachtverkehr

Die einzige ÖPNV-Linie, die rund um die Uhr fährt, ist die Straßenbahn 6 auf dem Großen Ring. Auf allen anderen Linien, auch den U-Bahnen, ist um ca. 23.30 Uhr Schluss. Danach verkehren bis Betriebsbeginn um etwa 4 Uhr morgens **Nachtbusse**. Die Routen folgen in etwa der Lo-

gik der Tageslinien. Die wichtigsten Nachtlinien der Innenstadt sind die 907/973, die auf der Strecke der Buslinie 7/173 verkehrt, die Linie 931, die von der Margarethenbrücke kommend vom Westbahnhof auf der Route der U-Bahn M3 bis zum Deák Ferenc tér und von dort entlang der M2 Richtung Ostbahnhof fährt, sowie die 979, die den Heldenplatz via Andrássy út mit dem Deák Ferenc tér verbindet und von dort aus Richtung Süden auf der Strecke der U-Bahn M3 weiterfährt. Die Nachtbusse fahren von den normalen Bus- oder Straßenbahnhaltestellen ab und können mit Einzelfahrscheinen und Zeitkarten genutzt werden.

Fahrkarten

Die Budapester Verkehrsbetriebe bieten Einzelfahrscheine und Zeitkarten an. **Einzelfahrscheine** *(vonaljegy)* können an den BKV-Schaltern in den U-Bahn-Stationen und an Kiosken gekauft werden. Die an manchen Straßenbahn- und U-Bahn-Haltestellen aufgestellten Ticketautomaten sind in der Regel defekt. In den Fahrzeugen können keine Fahrscheine gekauft werden (Ausnahme sind einige Busse und Obusse, wo dies an der Fahrerkabine vermerkt ist), von daher sollte man sich **rechtzeitig mit Fahrkarten eindecken.**

Ein Fahrschein kostet derzeit 350 Ft (beim Busfahrer 450 Ft). Eine Sparmöglichkeit bieten Fahrscheinhefte *(gyűjtőjegy)*, die zu einem Preis von 3000 Ft zehn Einzelfahrscheine beinhalten. Daneben gibt es ein Umsteigeticket *(átszállójegy)* für 530 Ft, mit dem man einmal umsteigen kann, sowie die nur in der U-Bahn gültige Kurzstreckenkarte für bis zu drei Stationen *(metrószakaszjegy*, 300 Ft).

Die Fahrscheine müssen beim Einstieg in ein Fahrzeug (beziehungsweise an den Rolltreppen der U-Bahn) entwertet werden. Wichtig ist, dass man **mit Einzelfahrscheinen nicht umsteigen** darf! Bei jedem Einstieg in ein neues Fahrzeug muss ein neuer Fahrschein entwertet werden. Eine Ausnahme bildet lediglich die U-Bahn, hier muss man beim Umsteigen zwischen den U-Bahn-Linien am Deák Ferenc tér nicht noch einmal entwerten.

Da das ständige Hantieren mit den Einzeltickets nicht nur nervig, sondern auf Dauer auch ziemlich teuer werden kann, empfehlen sich **Zeitkarten.** Hier werden Tickets für 24 beziehungsweise 72 Stunden (*24/72 órás jegy,* 1650 bzw. 4150 Ft) sowie für eine oder zwei Wochen (*hetijegy* bzw. *kétheti bérlet,* 4950 bzw. 7000 Ft) angeboten. Darüber hinaus gibt es auch noch Monatskarten *(havibérlet)* für 10.500 Ft und eine für Gruppen lohnenswerte 24-Stunden-Gruppenkarte *(csoportos 24 órás jegy)* für bis zu fünf Personen, die 3300 Ft kostet. Bei den Zweiwochen- und Monatskarten muss die Nummer des Personalausweises in das Feld unter dem Datum eingetragen werden. Zeitkarten werden ausschließlich an den BKV-Schaltern in den U-Bahn-Stationen, nicht jedoch an Kiosken verkauft und müssen nicht entwertet werden.

Die **Fahrkartenkontrolleure** kommen stets in Zivil und tragen einen Dienstausweis sowie eine Armbinde mit der Aufschrift „BKV". Zusätzlich wird an den Rolltreppen der U-Bahn kontrolliert. Das Bußgeld für Fahren ohne Fahrschein beträgt 8000 Ft bei Barzahlung an Ort und Stelle und 16.000 Ft bei Überweisung.

Kinder bis 6 Jahre benötigen keinen Fahrschein für den öffentlichen Nahverkehr. Auch **EU-Bürger ab 65** Jahren fahren in öffentlichen Verkehrsmitteln grundsätzlich gratis. Ausgenommen sind die Standseilbahn ins Burgviertel und der Sessellift am János-Berg. Bei Kontrollen muss der Personalausweis gezeigt werden. Die Regelung wird in der Öffentlichkeit kontrovers diskutiert und wird möglicherweise geändert. Bitte auf jeden Fall an den Fahrkartenschaltern vor Ort aktuelle Infos darüber einholen, um unliebsame Überraschungen zu vermeiden.

Taxi

Taxifahren ist in Budapest ein **vergleichsweise preisgünstiges Vergnügen.** Der gesetzlich festgelegt Höchsttarif beträgt 300 Ft Grundgebühr und zusätzlich 240 Ft pro Kilometer. Dieser Tarif wird von allen Taxiunternehmen einheitlich verwendet, wenn der Fahrgast ein Taxi auf der Straße anhält oder sich im Restaurant oder im Hotel eins rufen lässt. Wer sich selbstständig einen Wagen per Telefon ruft, kann beim Kilometerpreis bis zu 25 % sparen. Viel wichtiger ist jedoch, dass das Anhalten eines Taxis auf der Straße extrem riskant ist: Es sind zahlreiche **Privattaxis** unterwegs, die nicht zu einem der etablierten Unternehmen gehören und in der Regel Betrüger sind. Das Trickrepertoire beinhaltet manipulierte Taxameter, nicht nachvollziehbare Umwege und Betrug mit dem Wechselgeld. Deswegen lautet die Devise: Eines der unten angeführten **seriösen Taxiunternehmen** anrufen! In den Leitzentralen wird meist Englisch gesprochen. Beim Einsteigen muss man darauf achten, dass der Taxameter eingeschaltet wird. Zum Flughafen werden Pauschalpreise angeboten (s. S. 96). Bezahlt wird mit Forint,

Kartenzahlung muss bei der Bestellung angegeben werden. Das Trinkgeld beträgt rund 10 %.

Bei den im Folgenden aufgeführten Taxiunternehmen wird hinter den Telefonnummern (jeweils die Budapester Vorwahl 06 1 vorwählen, s. S. 114) der Kilometerpreis für telefonisch bestellte Fahrten sowie der Festpreis für Fahrten zwischen der Pester Innenstadt und dem Flughafen angegeben (die Strecke Buda-Flughafen ist immer ein paar hundert Forint teurer). Aufgrund der stetig steigenden Benzinpreise sind allerdings Preiserhöhungen zu erwarten.

❯ **Maxtaxi:** Tel. 2222333, 167 Ft, 3700 Ft
❯ **Taxi 800:** Tel. 2800800, 184 Ft, 3600 Ft
❯ **Taxi 2000:** Tel. 2000000, 184 Ft, 3790 Ft
❯ **Taxiplus:** Tel. 8888000, 184 Ft, 3800 Ft
❯ **Taxi 4:** Tel. 4444444, 184 Ft, 4300 Ft
❯ **Mobiltaxi:** Tel. 3333222, 186 Ft, 3990 Ft
❯ **Budapest Taxi:** Tel. 4333333, 209 Ft, 4300 Ft
❯ **Főtaxi:** Tel. 2222222, 225 Ft, 5800 Ft
❯ **6 x 6:** Tel. 6666666, 229 Ft, 4600 Ft
❯ **Citytaxi:** Tel. 2111111, 240 Ft, 4800 Ft

Wetter und Reisezeit

In Budapest gibt es zu **jeder Jahreszeit** etwas zu entdecken. Im Sommer kann man sich in den Straßencafés und Parks die Sonne ins Gesicht scheinen lassen oder beim Sziget-Festival (s. S. 11) abrocken. Der Frühling und der Herbst bieten unzählige kleinere und größere Festivals zwischen Kultur und Kulinarik, im oftmals schmuddeligen Winter locken die Thermalbäder (s. S. 49).

Die **klimatisch beste Reisezeit** sind der Frühling, wenn auf dem Gellért-Berg und am Pester Donauufer die Bäume blühen, und der Herbst, der bis weit in den Oktober hinein sonnig ist, wenn im deutschen Sprachraum schon Nieselregen und Nebel regieren. Im **Sommer** kann es staubig und **sehr heiß** werden. 40 bis 45 Grad bis zum späten Abend sind in den Straßenschluchten der Innenstadt dann nichts Ungewöhnliches, und viele Fahrzeuge des öffentlichen Verkehrs sind nicht klimatisiert. In dieser Zeit ist auch mit starken Gewittern zu rechnen.

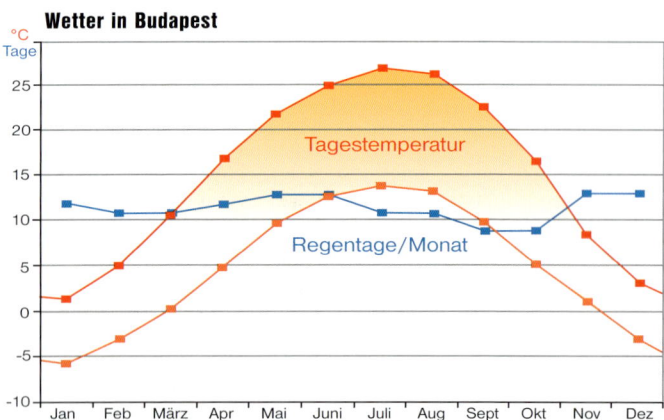
Wetter in Budapest

Anhang

054bp Abb.: gk

Kleine Sprachhilfe Ungarisch

Die Aussprache des Ungarischen folgt zwei einfachen Grundregeln, von denen es keine Ausnahme gibt: Jedes Wort wird auf der ersten Silbe betont. Jeder Buchstabe hat nur eine einzige Aussprache.

Vokale

a	zwischen „a" und „o"		sz	wie in Messer
á	wie in Staat		ty	wie in Antje
e	wie in lecker		zs	wie in Journalist
é	wie in Meer			
i	wie in mit			
í	wie in hier			

Zahlen

o	wie in Loch
ó	wie in hoch

1	egy
2	kettő

ö	wie in möchte
ő	wie in Möhre
u	wie in Mund
ú	wie in Mut
ü	wie in Müller
ű	wie in Mühle

3	három
4	négy
5	öt
6	hat
7	hét
8	nyolc
9	kilenc

Konsonanten

c	wie in Zimt
r	„Zungenspitzen-r"
s	wie in Schiff
v	wie in Wasser
z	wie in Sonne

10	tíz
11	tizenegy
12	tizenkettő
20	húsz
21	huszonegy
22	huszonkettő
30	harminc

Die anderen einfachen Konsonanten werden ungefähr wie im Deutschen gesprochen.

31	harmincegy
32	harminckettő
40	negyven
50	ötven
60	hatvan

Digraphen

Digraphen bestehen aus zwei Buchstaben, werden aber als ein Laut gesprochen.

70	hetven
80	nyolcvan
90	kilencven
100	száz

cs	wie in Tscheche
dz	wie „ds"
dzs	wie im italienischen Buongiorno
gy	wie „dj"
ly	wie „j"
ny	wie in Cognac

101	százegy
110	száztíz
111	száztizenegy
200	kétszáz
300	háromszáz
1000	ezer
2000	kétezer
3000	háromezer

Wochentage

Montag	*hétfő*
Dienstag	*kedd*
Mittwoch	*szerda*
Donnerstag	*csütörtök*
Freitag	*péntek*
Samstag	*szombat*
Sonntag	*vasárnap*

Notfälle

Achtung!/Hilfe!	*Vigyázat!/Segítség!*
Apotheke	*gyógyszertár, patika*
Arzt/Zahnarzt	*orvos/fogorvos*
Krankenwagen	*mentő*
Krankenhaus	*kórház*
Polizei	*rendőrség*
Feuerwehr	*tűzoltóság*

Begrüßung und Verabschiedung

Guten Morgen!	*Jó reggelt!*
Guten Tag!	*Jó napot!*
Guten Abend!	*Jó estét!*
Gute Nacht!	*Jó éjszakát!*
Auf Wiedersehen!	*Viszontlátásra. (Kurzform: Viszlát.)*
Hallo!/Tschüss!	*Szia! (Singular)/Sziasztok! (Plural)*
(unter guten Bekannten	oder *Helló!*
und unter jungen Leuten)	

Redewendungen

Ja	*Igen*
Nein	*Nem*
Danke	*Köszönöm*
Vielen Dank	*Köszönöm szépen*
Entschuldigung	*Elnézést*
Ich heiße ...	*... vagyok.*
Wie geht's?	*Hogy van? (Siezen), Hogy vagy? (Duzen)*
Danke, gut.	*Köszönöm, jól.*
Guten Appetit!	*Jó étvágyat!*
Sprechen Sie Deutsch?	*Beszél németül?*
Ich spreche kein Ungarisch.	*Nem beszélek magyarul.*
Ich verstehe (nicht).	*(Nem) értem.*
Ich bin Deutscher/	*Német/osztrák/svájci vagyok.*
Österreicher/Schweizer.	*(für beide Geschlechter)*
Deutschland	*Németország*
Österreich	*Ausztria*
Schweiz	*Svájc*
Ungarn	*Magyarország*
Ich hätte gern (ein) ...	*Kérnék (egy) ...*
Wie viel ...?	*Mennyi ...?*
Wie viele ...?	*Hány ...?*
Wie viel kostet ...?	*Mennyibe kerül ...?*
Wo ist/liegt ...?	*Hol van ...?*

AusspracheTrainers auf PC oder Smartphone lernen (siehe Umschlag hinten) +++

Kleine Sprachhilfe Ungarisch

Was bedeutet …?	*Mit jelent …?*
Wie heißen Sie?	*Hogy hívják?*
Wie heißt du?	*Hogy hívnak?*
In welche Richtung ist/liegt …?	*Merre van …?*
Wie viel Uhr ist es?	*Hány óra van?*
Ich habe mein(e) … verloren.	*Elvesztettem a …*

Zeitangaben

Ein Uhr	*Egy óra*
Zwei Uhr	*Két óra*
Halb zwei	*Fél kettő*
Viertel nach eins	*Negyed kettő (wörtlich „Viertel Zwei")*
Viertel vor zwei	*Háromnegyed kettő („Dreiviertel zwei")*
heute	*ma*
morgen	*holnap*
gestern	*tegnap*
Minute/Stunde	*perc/óra*
Tag/Woche	*nap/hét*
Monat/Jahr	*hónap/év*
morgens	*reggel*
vormittags	*délelőtt*
mittags	*délben*
nachmittags	*délután*
abends	*este*
nachts	*éjszaka*

Unterwegs

geradeaus	*egyenesen*
(nach) links	*bal(ra)*
(nach) rechts	*jobb(ra)*
zurück	*vissza*
Straße	*utca*
Ringstraße	*körút*
Platz	*tér*
U-Bahn	*metró*
Straßenbahn	*villamos*
Bus	*busz*
Obus	*troli*
Haltestelle	*megálló*
Fahrkarte	*jegy*
Zug	*vonat*

Bahnhof	*pályaudvar (Abkürzung: pu.)*
Flughafen	*repülőtér*
Gepäck	*poggyász*
Norden	*észak*
Süden	*dél*
Osten	*kelet*
Westen	*nyugat*

Einkaufen

geöffnet	*nyitva*
geschlossen	*zárva*
Markthalle	*vásárcsarnok*
Supermarkt	*ABC (Buchstaben einzeln gesprochen), közért*
Geschäft, Laden	*bolt*
Einkaufszentrum	*pláza*
Kleidung	*ruha*
Schuhe	*cipő*
Preis	*ár*
(zu) groß	*(túl) nagy*
(zu) klein	*(túl) kicsi*

Restaurant

Restaurant	*étterem, vendéglő*
Frühstück	*reggeli*
Mittagessen	*ebéd*
Abendessen	*vacsora*
Speisekarte	*étlap*
Toilette	*mosdó, WC*
Herren	*férfi*
Damen	*női*
Rechnung	*számla*

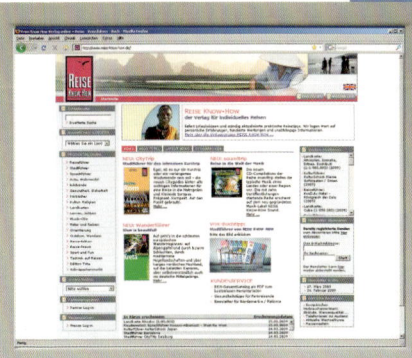

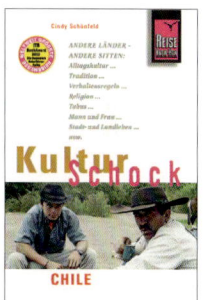

Register

Register

Register

Der Autor

Gergely Kispál wurde 1980 in Budapest geboren und wanderte im Alter von 5 Jahren mit seinen Eltern in die BRD aus. Während der Jahre entwickelte er eine intensive Leidenschaft und Neugier für seine Heimatstadt, die er oft besuchte. Nach seinem Studium in der Schweiz entschied er sich 2006, nach Budapest zurückzukehren.

Seither hat er als Stadtführer mehreren Tausend ausländischen Gästen die seiner Meinung nach schönste Stadt der Welt gezeigt. In Artikeln, Vorträgen und Trainings beleuchtet er die Hintergründe der ungarischen Kultur. Um auch die weltlichen Freuden nicht zu kurz kommen zu lassen, hat er die ungarische Edelobstbrandmarke „Essentium Pálinka" entwickelt, die er im deutschen Sprachraum über die Internetseite www.essentium.info vertreibt.

Gergely Kispál lebt in Budapest und Stuttgart.

Bildnachweis

Die Kürzel an den Abbildungen stehen für folgende Fotografen, Firmen und Einrichtungen. Wir bedanken uns für die freundliche Abdruckgenehmigung.

Titelbild	© nicolasjoseschirado/ fotolia.com
S. 2	© Jonathan/fotolia.com
gk	Gergely Kispál (der Autor)
kw	Klaus Werner
mt	Magyar Turizmus Zrt

Schreiben Sie uns

Dieser CityTrip-Band ist gespickt mit Adressen, Preisen, Tipps und Infos. Nur vor Ort kann überprüft werden, was noch stimmt, was sich verändert hat, ob Preise gestiegen oder gefallen sind, ob ein Hotel, ein Restaurant immer noch empfehlenswert ist oder nicht mehr usw. Unsere Autoren sind zwar stetig unterwegs und erstellen alle zwei Jahre eine komplette Aktualisierung, aber auf die Mithilfe von Reisenden können sie nicht verzichten.

Darum: Schreiben Sie uns, was sich geändert hat, was besser sein könnte, was gestrichen bzw. ergänzt werden soll. Wenn sich die Infos direkt auf das Buch beziehen, würde die Seitenangabe uns die Arbeit sehr erleichtern. Gut verwertbare Informationen belohnt der Verlag mit einem Sprechführer Ihrer Wahl aus der über 220 Bände umfassenden Reihe „Kauderwelsch".

Bitte schreiben Sie an:
REISE KNOW-HOW Verlag Peter Rump GmbH, Postfach 140666, D-33626 Bielefeld, oder per E-Mail an: info@reise-know-how.de

Danke!

Liste der Karteneinträge

Liste der Karteneinträge

Hier nicht aufgeführte Nummern
liegen außerhalb der abgebildeten Karten. Ihre Lage kann aber wie bei allen Ortsmarken im Buch mithilfe unserer Kartenansichten unter Google Maps™ gefunden werden (s. S. 144).

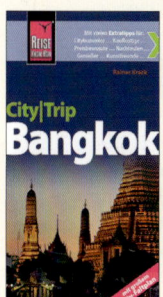

Legende der Karten- und Textsymbole, Mit PC, Smartphone & Co.

Legende der Karten- und Textsymbole

⓫	Hauptsehenswürdigkeit
[L6]	Verweis auf Planquadrat im City-Faltplan
✚ ➕	Arzt, Apotheke, Krankenhaus
🅣	Bar, Bistro, Klub, Treffpunkt
🅖	Biergarten, Kneipe, Pub
🅒	Café
🅐	Denkmal
≋	Freibad
🅖	Galerie
🅐	Geschäft, Kaufhaus, Markt
🏠	Hotel, Unterkunft
☎	Hostels, Apartmenthäuser
🅘	Imbiss
ⓘ	Informationsstelle
@	Internetcafé
⇨	Kirche
☪	Moschee
🏛	Museum
🅓	Musikszene, Disco, Tanz
🅟	Parken
✉	Postamt
🅡	Restaurant
🆂	Sport-/Spieleinrichtung
●	Sonstiges
✡	Synagoge
🅣	Theater
★	Sehenswürdigkeit
🅗🅔🅥	S-Bahn (HÉV)
⭕	Straßenbahn (Villamos)
Ⓜ	U-Bahn, Metro
▬▬	Stadtspaziergang (s. S. 13)
▭	Shoppingareal
▭	Gastro- und Nightlife-Areal

Mit PC, Smartphone & Co.

Unsere **kostenlosen Begleitservices** unter **www.reise-know-how.de** (auf der Produktseite dieses Titels):

★**Alle Ortsmarken des Buches unter Google Maps™:** Springen Sie im Internet direkt aus unseren thematischen Listen an den genauen Punkt auf der Karte. Luftbildansichten, Fotos und die Streetview-Funktion zeigen ein genaues Bild des Objektes und seiner Umgebung. Weitere Funktionen wie Routenplaner und Verkehrsplan erleichtern die Orientierung vor Ort.

★Smartphone-Nutzern empfiehlt sich der direkte Aufruf dieses Online-Kartenservices als Web-App unter: http://ct-budapest.reise-know-how.de

★**Faltplan als PDF mit Geodaten:** Nach dem Speichern auch mobil nutzbar auf allen Geräten mit PDF-Reader. Der aktuelle Acrobat Reader™ stellt Zusatzfunktionen für die Geodaten bereit. Für iPhone/iPad empfiehlt sich die App „PDF Maps" von Avenza™.

★**GPS-Daten aller Ortsmarken:** einfacher Import in GPS-Geräte, Navis und Geosoftware auf PCs und mobilen Geräten

★**Kapitel „Praktische Reisetipps"** als **kostenloses PDF:** Nach dem Speichern auch mobil nutzbar auf allen Geräten mit PDF-Reader. Darüber hinaus kann das Buch insgesamt oder eine persönliche **Auswahl einzelner Seiten als PDF käuflich erworben** werden.

★NEU★ **CityTrip als App:** Installieren Sie den **Reise Know-How Guide Store** aus dem iTunes Store bzw. Google Play Store und erwerben Sie buchbegleitende CityTrip-Apps mit vielen nützlichen Funktionen für die mobile Nutzung.